サービス提供
サ責任者の
業務実践マニュアル

佐藤 ちよみ 著

中央法規

はじめに

　現在、私は介護支援専門員やサービス提供責任者(サ責)など、主に介護職を対象とする研修の講師をしています。研修に携わると、その重要性にもかかわらず、サ責が自分の業務や責務について、理解が足りないことに驚かされます。根幹的な原因として、ひとつは、サ責の業務や責務に対して「介護報酬がつかなかった」ことがあげられます。訪問介護事業所の管理者は、サ責の業務に介護報酬が発生しないことによって、サ責の業務や責務を理解し担当者を育てようという意識が高まってこなかったと考えられます。

　もうひとつは、サ責が経験を積んで、技術が習熟する頃になると、介護支援専門員試験(いわゆる介護支援専門員実務研修受講試験)の受験資格を得て、試験合格ののちに介護支援専門員になってしまうことがあげられます。その結果、また初任者の育成から始めることになってしまい、いつまでも中級者を育てられないという悪循環ができてしまったと考えられます。

　この現状を打開すべく、訪問介護事業所の管理者の皆さんには、サ責がいかに重要な役割を担っているのかに気づいて、相応な「介護報酬」を獲得するための土台を構築し、また、サ責には役割に見合う介護報酬を得るための、自分の役割を理解していただきたい。

　この本では、ある「架空の事業所」を登場させ、先輩サ責が、新任サ責を育成する場面を通して、サ責の業務や責務とはどのようなもので、どのようなことが求められているのかをナビゲートしています。

　各章では、介護のプロセスがどのように展開していくのか、登場人物の会話を通して学習し、それぞれの業務や責務の根拠も理解していただけるよう、訪問介護事業所の指定基準についても解説しています。さらに、そのプロセスで必要な帳票類を用いて、記載方法も紹介します。

　この本が、重要な業務を担っているサ責の皆さんの、安心して働き続けるための武器(ツール)となり、その働きに対して、加算ではなく、相応の介護報酬を得られるよう、たくさんのプロフェッショナルが育ってくださることを祈念しております。介護支援専門員もやりがいがありますが、サ責だって負けず劣らず、やりがいがあるのですから。

　　　　　　　　　　　　　　　　　　　　　　　　　　　佐藤　ちよみ

目次

● はじめに ……………………………………………………………………………… 3

第1章　サービス提供責任者ことはじめ

1　サービス提供責任者って何する人？
1　「指定基準」を遵守する ……………………………………………………… 8
2　訪問介護員管理の役割を担う ……………………………………………… 9
3　介護過程の中心的な役割を務める ……………………………………… 10

2　ケアマネって何する人？
1　ケアマネとの役割の違いを理解する …………………………………… 12
2　サービス事業所と連携する ……………………………………………… 14
3　サービスのミスマッチを調整する ……………………………………… 15

3　居宅介護支援の展開 …………………………………………………… 16

ひらめき訪問介護事業所紹介 …………………………………………………… 21
主な登場人物の紹介 ……………………………………………………………… 22

第2章　サービス提供責任者を任された！
　　　　──管理者との違いとは？

● 土屋さん、サ責になる！
1　組織内の管理者とサ責の役割分担を確認しておく …………………… 26
2　指定基準に目を通す ……………………………………………………… 27
3　自分の業務を認識する …………………………………………………… 28

第3章　相談受付ってどうするの？

● 新米サ責のながーい1日
1　サ責の責務を遂行できる環境をつくる ………………………………… 35
2　申込みにかかる調整に必要な帳票類を整備する ……………………… 37
3　チームで仕事をしていることを忘れない ……………………………… 42

第4章　サービス提供責任者の業務と責務

● サ責は指導者なのだ！
1　指定基準第24条「訪問介護計画の作成」を理解する ………………… 46
2　指定基準第28条「管理者及びサービス提供責任者の責務」を
　　理解する ………………………………………………………………… 48
3　第24条、第28条のチェックポイントシートを活用する …………… 52

第5章 居宅サービス計画書から必要な情報を手に入れる
● ケアマネの役割って何？
1. 居宅サービス計画書を読んで理解する ……………………… 60
2. アセスメントを理解する ……………………………………… 68
3. ICFの考え方を理解する ……………………………………… 71

第6章 事前訪問ってどんな準備が必要なの？
● 事前訪問って大事なんだ！
1. 事前訪問の重要性を認識する ………………………………… 76
2. 事前訪問の心構えをもつ ……………………………………… 77
3. 必要物品の準備とチェックを忘れない ……………………… 78

第7章 サービス内容の確定とケア手順の道筋をつける①
● 事前訪問に同行する
1. サービス内容を細分化する …………………………………… 84
2. 利用者の現状と要望を把握する ……………………………… 84
3. ケア手順を導き出す …………………………………………… 85

第8章 サービス内容の確定とケア手順の道筋をつける②
● 介護保険制度は難しい
1. 自立支援のための見守り的援助を理解する ………………… 94
2. 電化製品を有効活用する ……………………………………… 94
3. 間取り図を作成し、頭に入れておく ………………………… 95

第9章 訪問介護計画書を作成する
● サ責の仕事は習うより慣れろ？
1. 「訪問介護計画書」に記載する項目を把握する …………… 104
2. ケア手順から具体的な介護計画書の作成法を理解する …… 106
3. ケア手順書と訪問介護計画書の目的の違いを理解する …… 115

第10章 サービス担当者会議って何をすればいいの？
● サービス担当者会議が始まった
1. サービス担当者会議の意義を理解する ……………………… 120
2. サービス担当者会議の準備を理解する ……………………… 120
3. サービス担当者会議の開催手順を理解する ………………… 123

目次

第11章 なぜ初回訪問はヘルパーに同行するの?
●サ責は「記録」せねばならない
1. 介護報酬を知ろう……………………………………………128
2. 初回加算を知ろう……………………………………………128
3. 特定事業所加算を知ろう……………………………………129
4. 生活機能向上連携加算を知ろう……………………………130
5. 加算に必要な帳票を整備しよう……………………………131

第12章 モニタリングと実績報告って何をするの?
●モニタリングはめんどくさい?
1. モニタリングの趣旨を理解する……………………………138
2. モニタリングとその評価を理解する………………………140
3. 実績報告書のまとめ方を理解する…………………………140

第13章 介護事故における現状把握と対応法
●「事件」はとつぜん起こった
1. 介護事故とは何かを理解する………………………………148
2. 事故処理の手順と対応法を周知させる……………………148
3. 事故対応マニュアルを作成する……………………………151

第14章 苦情に対応する
●それは「ヒヤリハット」ではありません
1. 苦情とは何かを考える………………………………………158
2. 苦情処理の本質を理解する…………………………………159
3. 苦情処理の進め方を理解する………………………………163

第15章 サービスの質の向上をめざそう
●サ責はヘルパーを育成する
1. ヘルパー育成研修を行う……………………………………170
2. 研修に必要な帳票類を理解する……………………………171
3. 研修の参加者を定着させる…………………………………173

資料……………………………………………………………………179

●おわりに………………………………………………………………215

第1章

サービス提供責任者ことはじめ

1 サービス提供責任者って何する人？

　訪問介護事業所のサービス提供責任者（以下、サ責）って、一体何をする人なのでしょうか？　ヘルパーに指示出しをしているから、ヘルパーさんの上司なのかな？　ううん、でも、サ責も利用者さん宅への援助に出かけているから、やっぱり同じヘルパーなのかな？　あれ？　でも、訪問介護計画書を作成したり、介護支援専門員（以下、ケアマネ）に報告したりしているからケアマネの部下なのかもしれないな。

　さて、皆さんは、サ責って何をする人だと思いますか？　ここでは、サ責とは何なのか、また、サ責になったら何をやればいいのかを理解していただくために、「サービス提供責任者の役割」を解説していきます。

> **サービス提供責任者への道（その1）**
> ❶「指定基準」を遵守する
> ❷ 訪問介護員管理の役割を担う
> ❸ 介護過程の中心的な役割を務める

❶ 「指定基準」を遵守する

　サービス提供責任者という名称は、「指定居宅サービス等の事業の人員、設備及び運営に関する基準」（平成11年厚生省令第37号：以下、指定基準）の中で登場し、訪問介護事業所は、その事業所ごとに常勤のサービス提供責任者を置くこととされています。正式には「サービス提供責任者」ですが、事業所内では「サ責」「提責」などと略して呼ばれることが多いようです。本書では、多数派の「サ責」とします。

　一方、介護保険制度の担い手である、「ケアマネジャー」はどうでしょうか。正式名称は「介護支援専門員」ですが、こちらは介護業界で「ケアマネ」と略して呼ばれていますので、本書でも「ケアマネ」と略します。

　そのケアマネは、「指定居宅介護支援等の事業の人員及び運営に関する基準」（平成11年厚生省令第38号：以下、ケアマネの指定基準）に登場し、居宅

介護支援事業所ごとに1人以上のケアマネを置くことと規定されています。また、「ケアマネの指定基準」では、居宅介護支援事業所の管理者もケアマネでなければなりません。

さて、はじめから、「指定基準」などという難しい言葉を使ってしまいましたが、この「指定基準」に関しては、サ責（ケアマネもですが）の話をする場合に重要な「ポイント」になるのです。なぜならば、「指定基準」は介護保険法で定められた基準省令といい、訪問介護事業所が、介護保険制度を活用して、事業展開をする際に、遵守すべき「ルール」として扱われるのです。そのため、サ責（できれば介護従事者は全員）になる人は、必ず一読し、頭の片隅に入れておく必要があるものです（➡ p.179 資料）。

ここで、注意しなければならないのは、サ責とケアマネでは、遵守すべき「指定基準」が違うことです。これは役割の違いを表しており、それぞれ働く場所も事業所も違うわけで、サ責は、ケアマネの部下とは言えないのです。

❷ 訪問介護員管理の役割を担う

「指定基準」では、訪問介護事業所の人員配置については、訪問介護事業所ごとに、常勤の訪問介護員（以下、ヘルパー）を2.5人置くこととしています。また、訪問介護事業所の管理者については、その事業の業務に支障がなければ、他の職務を兼務することができるとされています。

一方、平成24年度の介護保険制度改正に伴い、サ責の配置に関する規定が見直されました。訪問介護事業所には、利用者（前3か月の平均値、新規指定の場合は推定数）が40人またはその端数を増すごとに1人以上の者をサ責としておかなければならないことになりました。

訪問介護事業所の管理者はサ責を兼務することができ、常勤のヘルパーがサ責となれば、主にその職務に従事することが求められるのです。そのため、法人（会社）によっては、サ責と同時に「訪問介護事業所の管理者」に任命され

る場合もあります。なにしろサ責は、管理者と同じく「指定基準」で遂行すべき責務が明確にされている職種なのです。

「指定基準」には、ヘルパーの能力や、希望を踏まえた業務管理を実施すること、ヘルパーに対する研修・技術指導等を実施することが定められています。これを見ると、サ責の役割にはヘルパーの業務管理およびヘルパーに対しての技術指導があることがわかります。サ責にはヘルパーと違って「責任」が課せられていることがわかります。ですから、サ責になったならば、法人（会社）で規定されている役割分担（職務分掌）を把握しておく必要も出てくるのです（➡p.30 図2-2）。

つまるところ、サ責の職務とは「ヘルパーを管理する人」、すなわち管理職の役割にほかならないのです。

❸ 介護過程の中心的な役割を務める

「指定基準」では、訪問介護計画書の作成はサ責の業務として定められています。これによれば、サ責はケアマネからのサービス提供の問い合わせに答えて、「サービスの申し込みにかかる調整」を行い、下記の内容の役割を担うことになります。

❶利用者等に訪問介護の特徴を説明し、同意を得る。
❷居宅サービス計画書に沿って、利用者等の状態を把握（アセスメント）して、訪問介護計画書を作成する。
❸ケアマネが開催するサービス担当者会議に参加して、訪問介護の専門家としての立場から意見を述べる。
❹ヘルパーに対して、利用者に提供する訪問介護の目標と具体的なサービス内容を指示する。
❺定期的に利用者等の状態の把握（モニタリング）を行い、利用者の状態の評価（改善・維持・悪化）を行う。
❻結果をケアマネに報告し、居宅サービス計画書変更のための援助をする。

表1-1 ケアマネジメントの展開と介護過程の展開の関係性

ケアマネの役割	サービス提供責任者の役割
(1)介護保険制度の説明(相談受付) (2)居宅介護支援の説明(同意・申込・契約) (3)情報収集・分析 (4)課題分析(アセスメント) (5)居宅サービス計画書原案作成・提示・調整 (6)サービス担当者会議の開催日程調整	問い合わせ(相談受付) 介護保険制度の説明 居宅介護支援事業所等の案内 社会資源の案内 ①申込みに係る調整(相談受付) ②サービスを受託 ③事前訪問・訪問介護の説明・同意、契約の締結 ④課題分析(アセスメント) ⑤ケア方法の確認・訪問介護計画書(個別援助計画書)作成・提示
(7)サービス担当者会議開催 　居宅サービス計画書の承認 (8)居宅介護支援開始・サービス調整 (9)モニタリング	⑥サービス担当者会議へ出席 　訪問介護計画の承認 ⑦訪問介護開始・サービス調整 ⑧モニタリング ⑨ケアカンファレンス
(10)サービス評価・実績確認 ※(4)へ戻る (11)サービスの終了	⑩実績報告・サービス評価 ※④へ戻る ⑪サービスの終了

　この❶〜❻までの過程を、介護過程といいます。この介護過程は、アセスメントからモニタリングというサイクルで、訪問介護が終了するまで続きます。このサイクルを「介護過程の展開」といいます。

　サ責は、1人の利用者の介護過程の展開を担います。ヘルパーが提供する援助は、サ責が作成した利用者の訪問介護計画書に基づいて行われるのです。ヘルパーを利用することにより、利用者の生活が維持および改善されていくように考えなければいけません。サ責には訪問介護計画書の作成能力と、この介護過程を効果的に展開できる能力や知識、介護技術が求められるのです。なお、平成24年度より利用者40人に1人サ責を置くことになり、1人のサ責は40人の介護の展開を担うのです。

2 ケアマネって何する人？

> **サービス提供責任者への道（その２）**
> ❶ ケアマネとの役割の違いを理解する
> ❷ サービス事業所と連携する
> ❸ サービスのミスマッチを調整する

　ケアマネは、いったい何をする人なのでしょう？　案外、ケアマネ自身も知っているようで正確には知らないのかもしれません。

　同じ法人（会社）の中にいる場合、ケアマネはサ責に指示（連絡）を与えたり、ある時はヘルパーの訪問時に利用者宅に出没したりしていますね。ほんとうに、ケアマネって、サ責の上の立場の人なのか、あるいは下の人なのか？　また、ヘルパーの働きを監視する人なのか？　そうかと思うと、利用者の相談にのったり、居宅サービス計画書を作成して、給付管理をやったりもする。でも、純然とした介護職でなくてもなることができるのだ（医師・看護師・薬剤師など）。

　いったい、ケアマネって何者なのでしょう？（笑）　ここでは、ケアマネの役割を紹介しながら、現場の業務が重なっていると思われがちな、「サ責とケアマネの仕事の違い」を理解し、サ責がどのようにケアマネと関わっていけば良いのか（連携ですね）を述べていきます（➡p.11 表1-1）。

❶ ケアマネとの役割の違いを理解する

　ケアマネは、介護保険制度がスタートした2000（平成12）年に、新たに登場した公的資格ですが、国家資格ではありません。ケアマネの業務範囲についての規定は、「ケアマネの指定基準」で明らかにされています。

　第１章①で述べたとおり、ケアマネは、居宅介護支援事業所の職員であり、管理者を兼務することができます。したがって、ケアマネの場合は「指定基

準」のすべてを理解していなければなりません。弁護士にとっての「六法」のようなもの。専門分野はもちろん、他の分野の関連法律も「よく知らない」では通用しません。

　決して膨大な範囲ではありませんが、ケアマネになるためには、「介護支援専門員実務研修受講資格試験（ケアマネ試験）」を受験し、合格しなければなりません。合格後は、44時間以上（含む実習）におよぶ介護支援専門員実務研修を受講することが義務づけられています。

　受講者は実務研修を修了し、各都道府県にケアマネとして登録します。その登録後、初めてケアマネ業務を行うことができるのです。

　また、利用者が介護保険制度を活用する場合の手続きについての知識も必要です。この手続き方法は、ケアマネに限らず、介護職であれば説明できるように知識をもっていなければならないものです。何でもかんでも「ケアマネに聞いて」ではちょっと恥ずかしいですよ。

　サービスを利用するには、まず、要介護認定を受けていただかなければなりません。約1か月で結果が出ますが、要介護1〜5の認定であれば、居宅介護支援事業所と契約できます（要支援等の介護予防は「地域包括支援センター」と契約します）。

　要介護1以上の利用者が介護保険制度を利用するためには、居宅サービス計画書（ケアプラン）を作成しなければなりません。この居宅サービス計画書は利用者や家族が作成して（マイケアプランといいます）、各市町村がその給付を管理することも可能です。しかし、現状では多くの市町村は、ケアマネに作成してもらうことを推奨しています。本人や家族にとっても「初めて」の介護保険の利用となるわけですから、素人がつくるのは少々難しいかもしれません。

　したがって、通常はケアマネに依頼します。まず、利用者は、居宅介護支援事業所（ケアマネが属する事業所）にサービス依頼の相談に行きます。利用者から相談を受けた居宅介護支援事業所は、その利用者の「居宅介護支援」が可能な場合（要介護度ほか）は、介護保険制度や居宅介護支援事業所の説明を行い、利用者と契約を結びます。

利用者は、自分の担当を任せる事業所名が記載された「居宅サービス計画作成依頼書」を市町村へ申請します（多くは居宅介護支援事業所が代行申請）。その依頼書をもとに、市町村は、利用者の介護保険被保険者証に、その事業者名を印字し、その方の居宅介護支援の存在を明確にします（複数の利用は不可のため）。

　居宅介護支援事業所のケアマネは、担当が決まると、利用者宅を訪問し、居宅サービス計画書の作成に取りかかります。利用者の困りごとを明確にし、その困りごとを解決するための社会資源の案内等を行います。

　ケアマネは、居宅サービス計画書作成において、介護保険制度のサービス利用を必要と考えた場合は、利用者が認定を受けた、要介護度による「支給限度額」とそれに対応する「給付管理」を行うのも仕事です。この給付管理によって、ケアマネには介護報酬がおりることになるのです。これが同じような仕事を行っているサ責とケアマネとの大きな違いかもしれません。

　ともかく、この業務内容を知ればケアマネは利用者に社会資源（フォーマルなサービスやインフォーマルなサービス）を結びつけるコーディネーターとしての業務を担っている職種であることがわかるでしょう。

❷ サービス事業所と連携する

　法人（会社）内に、居宅介護支援事業所と他の複数の居宅サービス事業所（訪問介護や通所介護）がある組織のほうが連携しやすいという話をたまに、いや、しばしば耳にします。はたして本当にそうでしょうか？

　「指定基準」では、すべてのサービス事業所は、その事業所ごとに独立することが求められています。以前の措置制度であれば、同一敷地内に複数のサービスが混在していても、事業に支障はなかったかもしれません。

　しかし、介護保険制度では「利用者の選択に資するサービスの提供」が業務のメインです。同系列の組織のケアマネがいれば、たしかに連携しやすい場面もありますが、一方、相互依存の関係が構築されやすいなどの弊害が発生

するケースもしばしば見られるのです。

　相互依存とは、ケアマネはサ責を頼り、逆にサ責はケアマネを頼ってしまい、それぞれの業務を行ってしまうことです。

　その結果、サ責は、利用者の状態の変化に対して、サービス内容の変更が必要だと認識していても、「ケアマネの意思」を尊重してしまい、それに沿った報告や相談になりがちです。これではどこか変ですね。尊重すべきは「利用者の意思」でしょう。

　ケアマネも、自らモニタリングに出向くことなどをせず、サ責に利用者の状態の変化を尋ねたりします。サ責のほうでも、訪問介護の提供がスムーズにできないとケアマネに相談しています。お互いに利点がないとは言いませんが、介護保険制度で求められている役割を果たすことはできていませんね。これではお互いに専門性の確立は難しいでしょう。

　なお、ケアマネは、サ責より上位の立場にある人（職種）ではありません。ケアマネは、介護保険制度の利用の窓口役であることと、給付管理を「業務独占」できる役割です。

　本来、サ責とケアマネは利用者を支え合う関係であり、互いに尊重しつつ、連携し合う存在なのです。ケアマネと対等の立場であることを、まずサ責が自覚しましょう。

❸ サービスのミスマッチを調整する

　ヘルパーがサービスを提供している時間帯に、利用者宅へ行くケアマネをしばしば見かけます。それは自分が作成した居宅サービス計画書に沿ってサービスが提供されているか、利用者はそのサービスに満足しているかを確認しているのです。

　これはケアマネの仕事である、いわゆる「モニタリング」です。たまに、その現場で、ヘルパーのサービス提供方法に対し、具体的な指導（おむつ交換の仕方など）をする方がいますが、いけませんね。ケアマネは居宅介護支援

事業所に属していますが、ヘルパーは訪問介護事業所に属し、サ責の部下なのです。つまり、ケアマネにとってヘルパーは他組織の人間なのです。

問題がある場合には、ケアマネはサ責に対して、その利用者へのサービス提供の方法について、具体的な希望を述べること。そのケアマネが、たとえ元サ責（介護職）であっても、ヘルパーの教育は、現任のサ責の責務であることをお忘れなく。

サ責もまた、ケアマネがヘルパーの仕事時に出向く理由を理解し、訪問介護が提供できるサービスの適応の可否を見極め、ケアマネに適切なサービスの種類を提案しなければなりません。

たとえば、体重が重い利用者の援助を、ヘルパーが2人介助で提供する場合などです。その後、利用者の状態が悪化し、2人介助でも危険が伴うならば、福祉用具のリフト利用等の提案をするべきでしょう。皮膚にトラブルが起き、ヘルパーが医療職の指導を受け、軟膏の塗布をした場合など、一定期間が経過しても改善がみられない場合には、再度、医療機関に相談するように提案しましょう。ケアマネではなく、利用者に寄り添い、ケアマネにはサービスのミスマッチを修正してもらいましょう。そのアシストを行うのがサ責の重要な仕事なのです。

③ 居宅介護支援の展開

❶介護保険制度についての説明（相談受付）

居宅介護支援事業所では、相談に来られた方々の相談・受付を行います。受付の段階では、まず相談内容を把握し、利用者等の基本情報を収集します。そのうえで、介護保険制度のしくみについて説明し、利用する意向があるかないかを確認します。

❷居宅サービス計画作成依頼（変更）の届出を市町村へ申請するための支援（同意・申込・契約）

利用者に、居宅サービス計画書の作成を依頼する意思がある場合には、利用者は、市町村へ「居宅サービス計画作成依頼（変更）の届出」を提出する必要があります。居宅介護支援事業所は、利用者等に介護保険制度のしくみを説明して、「居宅サービス計画作成依頼（変更）の届出」を市町村へ提出できるように支援します。

❸居宅介護支援サービスの流れについての説明

居宅介護支援事業所は、利用者から居宅サービス計画書の作成依頼を受けた場合は、担当のケアマネを決めます。担当者は利用者宅を訪問し、居宅介護支援サービスの提供方法について、利用者等に説明します。

❹情報収集・分析

利用者の居宅介護支援に必要な情報を本人および家族等から収集します。また、利用者等の同意を得たうえで、主治医にも連絡して必要な情報や指示を受けます。

❺課題分析（アセスメント）

ケアマネは、国が定めた標準項目に沿って、課題分析に必要な利用者情報を整理します。もちろん、この時には、介護認定調査票や、主治医の意見書・介護認定審査会の意見等も参考にします。このような過程を経て、利用者の困りごと・家族の困りごとを明確にしたうえで、ケアマネとして客観的な意見を集約し、課題（ニーズ）を明確にしておきます（➡ p.69〜70 図 5 - 4）。

❻居宅サービス計画書原案の作成・提示・調整

ケアマネは、課題を克服するためにめざす方向性を示します。そのうえで、長期目標や短期目標を、利用者・家族等と一緒に相談しながら設定していき、まずは短期目標を達成するための必要なサービス内容を決定します。その後、

必要なサービスに見合ったサービスの種別・提供する事業所を提案します。この際、ケアマネは、サービス種別を考える時に、地域にあるインフォーマルなサービス等についても考慮し、パンフレットや資料を使って紹介し、よりよい方法を考え、提案します。

　このような関わりがあってこそ、利用者等は自分たちの意思でサービス提供事業所を選択することができるのです。次に、ケアマネは、利用者が選択した事業所等に連絡を取り、サービス提供が可能かどうかを問い合わせます。その結果、サービス提供が可能な事業所が居宅サービス計画書原案に記載されるのです。ケアマネは、作成した居宅サービス計画書原案を利用者等と、サービス提供事業所に提示します（➡p.62 図5-1、p.63 図5-2）。

❼サービス担当者会議開催日程の調整

　ケアマネは、利用者に関する情報を担当者と共有するとともに、当該「居宅サービス計画書原案」の内容について、各担当者の意見を求める場を設定すべく、サービス担当者会議を開催します。そこで、ケアマネは、利用者等に、居宅サービス計画書原案を提示する時に、サービス担当者会議までにサービス提供事業者が行う必要な手続き[※1]等についての説明を再度行います。

※1　必要な手続き
　①サービス提供事業所と契約書を締結する。
　②サービス提供事業所が、サービス提供に必要な情報収集を行い、個別援助計画（訪問介護計画等）を作成する。

❽サービス担当者会議開催

　サービス担当者会議は、初回と2回目以降では開催趣旨が違います。初回のサービス担当者会議は「初回居宅サービス計画書原案」を確定するために、利用者、サービス提供事業者、主治医等が利用者宅等に一堂に会し行われます。ケアのために連携するメンバーの紹介後に、利用者・家族の要望を確認し、チームメンバーの役割分担の確認、居宅サービス計画書の確認・承認・各個別援助計画の確認・承認等を順次行います。

　2回目以降のサービス担当者会議は、一定期間経過後、各担当者からのモ

ニタリングやサービス提供後の評価結果を受けて、居宅サービス計画書の変更が必要な場合等に開催されます。「ケアマネの指定基準」では、次に掲げる場合においてケアマネは、「サービス担当者会議の開催により、居宅サービス計画の変更の必要性について、担当者から、専門的な見地からの意見を求めること」と規定されているので、注意が必要です。

> **指定基準で規定されている、サービス担当者会議開催時期**
> イ　居宅サービス計画書原案が作成された場合
> ロ　要介護認定を受けている利用者が要介護更新認定を受けた場合
> ハ　要介護認定を受けている利用者が要介護状態区分の変更の認定を受けた場合

（ただし、やむを得ない理由がある場合については、担当者に対する照会等により意見を求めることができます。）

　サ責は、ケアマネから「サービス担当者会議」の開催に対する問い合わせがあった場合は、参加できるように日程調整すると同時に、ケアマネにサービス担当者会議の検討項目を確認しましょう。
　その後は、速やかにモニタリングを行って現状把握に努めます。担当のヘルパーを召集し、ケアカンファレンスを開催し、検討項目の内容について共有し、訪問介護計画書の見直しを含め協議します。その結果をまとめてサービス担当者会議への参加となります。

❾居宅介護支援開始・サービス調整
　ケアマネは、居宅介護支援がスタートした後は、サービスの調整を行います。その主な働きは、利用者に対しての相談・助言です。また、サービス提供事業所からは報告・相談を受け、利用者とサービス提供事業所の双方に問題が発生しないよう、サービス内容の調整を行います。これらの居宅介護支援にかかる記録は、すべて支援経過記録として蓄積しておきます。

❿モニタリング

　ケアマネには、1か月に1度は利用者宅を訪問して、サービス提供状況についてモニタリングを行うことが義務づけられています。モニタリングの目的は以下のとおりです。

> ・介護サービスが計画通り適切に行われているか
> ・介護サービスが短期目標の達成に向けて行われているか
> ・新たなニーズが発生していないか

⓫サービス評価・実績確認

　ケアマネは、モニタリングを行うことによって、居宅サービス計画書の短期目標が改善されたか、維持されているか、悪化していないか等を定期的に評価していきます。また、毎月末には、サービス提供事業所より、その月の実績に合わせて、各サービス事業者が行うモニタリング結果が報告されます。それらの実績報告から、各専門家の意見等も参考にし、居宅サービス計画書を変更する必要の有無を判断します。

　なお、介護保険制度では、更新時と要介護認定区分変更時に、居宅サービス計画書を見直すことが義務づけられており、ケアマネは、ここで課題分析（➡p.11 表1-1⑷）に戻り、その後、この一連のプロセスが繰り返されます。

⓬サービスの終了

　居宅介護支援事業所が、利用者の支援を終了する。つまり、利用者が他の居宅介護支援事業所に「居宅サービス計画作成依頼」を出した時、あるいは施設に入所した時、そして、死亡した時です。これらの事由が発生した場合、居宅介護支援は終了となります。

●ひらめき訪問介護事業所紹介

　本書では、サービス提供責任者のお仕事を紹介するために、"架空の訪問介護事業所"を設定しました。事業所についてパンフレットを用いて紹介します。

ひらめき訪問介護事業所

～住み慣れた地域であなたらしく
生活するためのお手伝いをいたします～

　ひらめき訪問介護事業所は、地域の方々が、住み慣れた地域で、安心した生活を送れるように、入浴・食事・排せつなど身の回りのお世話や、掃除・洗濯・買い物などの生活支援を、皆様の自立度に合わせ、皆様らしい生活を介護の専門家が援助いたします。

営業時間 6時～21時
営業区域
- だんだん地域
- おおきに地域
- ありがとう地域

- 管理者 ……………………… 1名
- サービス提供責任者 ……… 3名
- 登録ヘルパー ……………… 26名

その他の事業
- ひらめき居宅介護支援事業所
- ひらめき福祉用具販売レンタル事業所

サービス内容

(1) **介護保険法**

　介護給付：サービス内容
　　　　　　身体介護・生活援助など

　予防給付：介護予防訪問介護Ⅰ・Ⅱ・Ⅲなど

(2) **障害者自立支援法**

　介護給付：サービス内容
　　　　　　居宅介護・重度訪問介護・行動援護など

(3) **インフォーマルなサービス**

　上記の制度外のサービス（自費のサービス）　大掃除・ペットの世話など

ひらめき株式会社
住所 〒123-4567　○△県□○市1-2-3　TEL 0231-23-0987

※パンフレットは、事業所の宣伝ツールです。大事に活用しましょう。

主な登場人物の紹介

取締役・管理者
萩原 光彦(50歳)

ひらめき株式会社の取締役で福祉用具販売などを手掛け、会社組織を拡大してきた。福祉用具販売とレンタル事業所と訪問介護事業所の各管理者も兼務している。管理者とはいえ、仕事の多くは、これらの事業所の営業として動いているため、訪問介護の仕事内容は、実質吉海さんにまかせている。

主任サ責
吉海 満子(33歳)

施設や他事業所で介護職として働いた経験がある。ひらめき訪問介護事業所では、2年前よりサービス提供責任者として働いており、役職は主任である。非常に几帳面で、介護の展開のしくみづくりやマニュアルづくりが得意である。

新任サ責
土屋 千雪(32歳)

登録ヘルパーとして5年働いてきたが、サ責の早矢仕さんが訪問介護事業所から、居宅介護支援事業所のケアマネへ異動となることから、管理者より、手うすとなったサ責に任命される。不安を持ちながらも、仕事を覚えようと頑張っている。

ヘルパー
邦光 道子(24歳)

ヘルパー歴1年。最近仕事が面白くなってきた。

利用者
吉永さん(70歳)

病院はこりごりで以前のように家で暮らしたい。

利用者
吉永さんの娘(45歳)

なんとか母を自宅で生活させてやりたいと考えている。

ひらめき居宅介護支援事業所

管理者・主任ケアマネ
永井 道子(39歳)

5年前に看護師から転職。今は、ひらめき居宅介護支援事業所の管理者で主任ケアマネ。物事に対して、冷静に対処することができ、萩原取締役からも信頼されている。

ケアマネ
早矢仕 政彦(38歳)

今年の12月までひらめき訪問介護事業所のサ責として勤務。昨年の介護支援専門員実務研修受講試験に合格。その実務研修も終えたので、居宅介護支援事業所に異動となった。情熱家であるが、しばしば情に流される傾向がある。

第2章

サービス提供責任者を任された!

管理者との違いとは?

●プロローグ

　平成23年12月末、S県M市にある、業界でも中堅どころの「ひらめき訪問介護事業所」において人事異動が発表されました。5年間、サービス提供責任者(サ責)を務めた、早矢仕政彦さん(38)が、介護支援専門員(ケアマネ)の実務研修を終え、1月から、同社系列の「ひらめき居宅介護支援事業所」に異動となり、念願のケアマネになりました。
　これに伴って、5年間登録ヘルパーとして働いてきた土屋千雪さん(32)が1月からサ責の役割を任されることになりました。
　さて、場面は12月初めの「ある日」のことです。この日、土屋さんが11月の給料明細書を受け取りに事務所を訪れました。すると、たまたま取締役で管理者の萩原さん(50)につかまり、面接室に呼ばれて……。

> サービス提供責任者への道（その3）
> ❶ 組織内の管理者とサ責の役割分担を確認しておく
> ❷ 指定基準に目を通す
> ❸ 自分の業務を認識する

土屋さん、サ責になる！

土屋さん：はて？　私、何か失敗でもやらかしたかな？

　身に覚えがあるようなないような……。土屋さんは不安になり、びくびくしながら面談室に入りました。

面談室でのやりとり

萩原さん：土屋さん、もうウチに来てどのくらいかな？　たぶん、キャリアはうちのヘルパーさんの中じゃ長いほうだよね。うん、よくやってくれて助かってるよ。そこでだ。今度もその経験を使って助けてほしいんだ。つまり……。

　こうして、土屋さんの「人事異動」が告げられました。ベテランのサ責・早矢仕さんが1月から異動してケアマネになります。そのため、サ責の頭数が足りないので、土屋さんにサ責をやらせたいと萩原さんは考えたのです。

土屋さんも聞いてるかな？　1月から早矢仕君がケアマネのほうへ行くんだ。まぁ、めでたい話なんだけどさ。こちらとしてもサ責の頭数が足りなくなるのは困るのさ。ウチで他にサ責をやれる人って、君しかいないんだ。そうそう、ほんとに。そこで悪いけどサ責をやってくれないかな？

へっ？　私がサ責ですと？　ご冗談を。全然イメージがわきません。ムリ、むり、絶対、私には無理ですぅ！

いやいや、そんなことないさ！　君はお客さんからの評判もいいし、いつも前向きじゃないか。ただ、問題があるとすれば、サ責をやってもらうためには「常勤」のヘルパーになってもらわんといかんのだ。だから、契約を今の非常勤扱いから、常勤扱いに替えさせてほしいんだよ。

ええっ、常勤ですって？

そう、常勤、つまり正社員だな。勤務時間はいちおう9時から17時……うううん。実際はもう少し長いかなぁ（笑）。常勤の給与は約21万円。でも、社会保険

第2章
サービス提供責任者を
任された！

と雇用保険に加入できるし、夏と冬にはボーナスも出るぞぉ。まぁ、気持ちだけどな（笑）。それでも嬉しいもんだよ。

> 正社員かぁ！　子どもも手がかからなくなってきたし、賞与が入れば大きいよねぇ。少しでも収入増えるのはうれしいし、健康保険証もゲットできるって。やってみるか。でも、サ責の仕事ってどうよ？　具体的に何をやるのかな？　考えたこともなかったなぁ。

土屋さんは葛藤していますが、やる方向で気持ちは決まったようです。

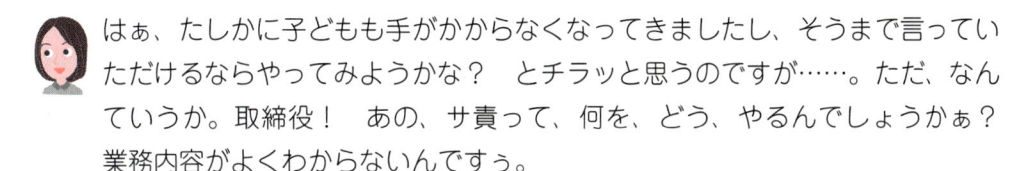

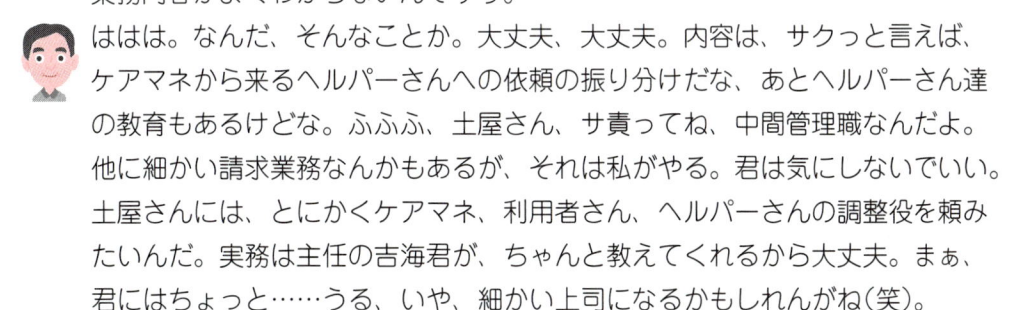

はぁ、たしかに子どもも手がかからなくなってきましたし、そうまで言っていただけるならやってみようかな？　とチラッと思うのですが……。ただ、なんていうか。取締役！　あの、サ責って、何を、どう、やるんでしょうかぁ？　業務内容がよくわからないんですぅ。

ははは。なんだ、そんなことか。大丈夫、大丈夫。内容は、サクっと言えば、ケアマネから来るヘルパーさんへの依頼の振り分けだな、あとヘルパーさん達の教育もあるけどな。ふふふ、土屋さん、サ責ってね、中間管理職なんだよ。他に細かい請求業務なんかもあるが、それは私がやる。君は気にしないでいい。土屋さんには、とにかくケアマネ、利用者さん、ヘルパーさんの調整役を頼みたいんだ。実務は主任の吉海君が、ちゃんと教えてくれるから大丈夫。まぁ、君にはちょっと……うる、いや、細かい上司になるかもしれんがね（笑）。

そうですか！　利用者さんやヘルパーさんとの調整役ですか。そうですか、そうですか。なら、やってみようかしらん。では、そういうことで、取締役、よろしくお願いします！

おう、早いな（笑）。じゃあ頼んだよ。詳しくは、早矢仕君と吉海さんと打ち合わせるから……。

　事業所の取締役で管理者の萩原さんから、サ責への就任要請をされて、思わず引き受けてしまった土屋さん。はたしてこれからどのような問題に遭遇していくのでしょうか？
　ここからは、サ責の業務と責務を「ひらめき訪問介護事業所」での実践場面を通して解説していきましょう。

025

❶ 組織内の管理者とサ責の役割分担を確認しておく

　事業所の規模によっても多少の差異はありますが、サ責の仕事は「指定基準」の第24条(➡p.196 訪問介護計画の作成)で決められています。この条文を読んでみると、サ責にはサービスをマネジメントする役割があることがわかります。

　その責務は、訪問介護員等の能力や希望を踏まえた業務管理を実施したり、訪問介護員等の業務の実施状況を把握したりすることとし、サ責が組織マネジメント部門(訪問介護員の業務管理)にも関与せざるをえない実態がわかります(第28条)。

　実際には、これ以外の業務管理の仕事もあります。では、業務管理とは何でしょうか？　これは「ひらめき訪問介護事業所」の管理者・萩原さんが担っているような"組織マネジメント"です(➡p.30 図2-2)。

　なぜ、サ責が管理者のなすべき組織マネジメントにまで関与せざるをえないというようなことが現場で起きてしまうのでしょうか。それは「指定基準」に"原因"があるのです。

　まず人員要件を見てみましょう(➡p.27 指定基準第5条)。これによれば、最低3名の有資格者(ヘルパー2級以上)がいれば、訪問介護事業所を開設できる要件を満たすのです。そして、サ責は管理者と兼務することができます。となれば、管理者が他の職務と兼務している事業所(ひらめき訪問介護事業所も同じ)では、管理者は存在していても、事実上、サ責が、その訪問介護事業所の管理者の役割まで担わなければならないことになってしまいます。きちんと理解して引き受けたのなら問題はないかもしれません。

　そして、自分がサ責に任命された場合には、管理者(任命者)等より、管理者との責任分担や(管理職になるのだから)雇用条件の見直しも話し合っておきましょう。

　管理者と利用者と締結する契約書および重要事項説明書などを読み合わせ、「苦情処理」「事故処理」の手順等も確認しておきましょう。特にこの部分は大変重要なので覚えておきましょう。

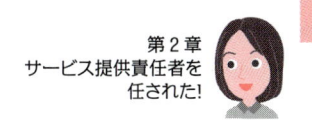

❷ 指定基準に目を通す

指定基準第5条　訪問介護員等の員数

1 　指定訪問介護の事業を行う者が、当該事業を行う事業所ごとに置くべき訪問介護員等の員数は、常勤換算方法で、2.5以上とする。

2 　指定訪問介護事業所ごとに、常勤の訪問介護員等のうち、利用者(当該指定訪問介護事業者が指定介護予防訪問介護事業者(指定介護予防サービス等の事業の人員、設備及び運営並びに指定介護予防サービス等に係る介護予防のための効果的な支援の方法に関する基準(平成18年厚生労働省令第35号。以下「指定介護予防サービス等基準」という。)第5条第1項に規定する指定介護予防訪問介護事業者をいう。以下同じ。)の指定を併せて受け、かつ、指定訪問介護の事業と指定介護予防訪問介護(指定介護予防サービス等基準第4条に規定する指定介護予防訪問介護をいう。以下同じ。)の事業とが同一の事業所において一体的に運営されている場合にあっては、当該事業所における指定訪問介護及び指定介護予防訪問介護の利用者。以下この条において同じ。)の数が40又はその端数を増すごとに1人以上の者をサービス提供責任者としなければならない。この場合において、当該サービス提供責任者の員数については、利用者の数に応じて常勤換算方法によることができる。

3 　前項の利用者の数は、前3月の平均値とする。ただし、新規に指定を受ける場合は、推定数による。

4 　第2項のサービス提供責任者は介護福祉士その他厚生労働大臣が定める者であって、専ら指定訪問介護に従事するものをもって充てなければならない。ただし、利用者に対する指定訪問介護の提供に支障がない場合は、同一敷地内にある指定定期巡回・随時対応型訪問介護看護事業所

（指定地域密着型サービスの事業の人員、設備及び運営に関する基準（平成18年厚生労働省令第34号。以下「指定地域密着型サービス基準」という。）第３条の４第１項に規定する指定定期巡回・随時対応型訪問介護看護事業所をいう。以下同じ。）又は指定夜間対応型訪問介護事業所（指定地域密着型サービス基準第６条第１項に規定する指定夜間対応型訪問介護事業所をいう。）に従事することができる。

指定基準第６条　管理者
　指定訪問介護事業者は、指定訪問介護事業所ごとに専らその職務に従事する常勤の管理者を置かなければならない。ただし、指定訪問介護事業所の管理上支障がない場合は、当該指定訪問介護事業所の他の職務に従事し、又は同一敷地内にある他の事業所、施設等の職務に従事することができるものとする。

　すぐには頭に入らなくても、指定基準に目を通し、どこに何が書いてあるかの目安はつけておいたほうがよいでしょう。

❸ 自分の業務を認識する

　指定訪問介護事業所は、法人（営利法人・非営利法人）という会社形態がほとんどです。会社ですから、社長には社長のすべきことと、そのすべきことに対しての責任が発生し、従業員には、従業員のすべきことと、それに対しての責任が発生します。
　職務分掌とは、それら、法人で働く１人ひとりの仕事と、責任の所在を明らかにしている内部規定です。小人数でも組織としての扱いは同じです。もし、はっきりとされていない場合には、「指定基準」を参照して、管理者との役割分担および責任の所在について、職務分掌等の体制を整えましょう。

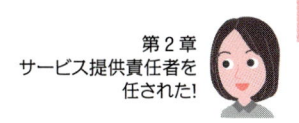

図2-1　ひらめき株式会社組織図

ひらめき株式会社

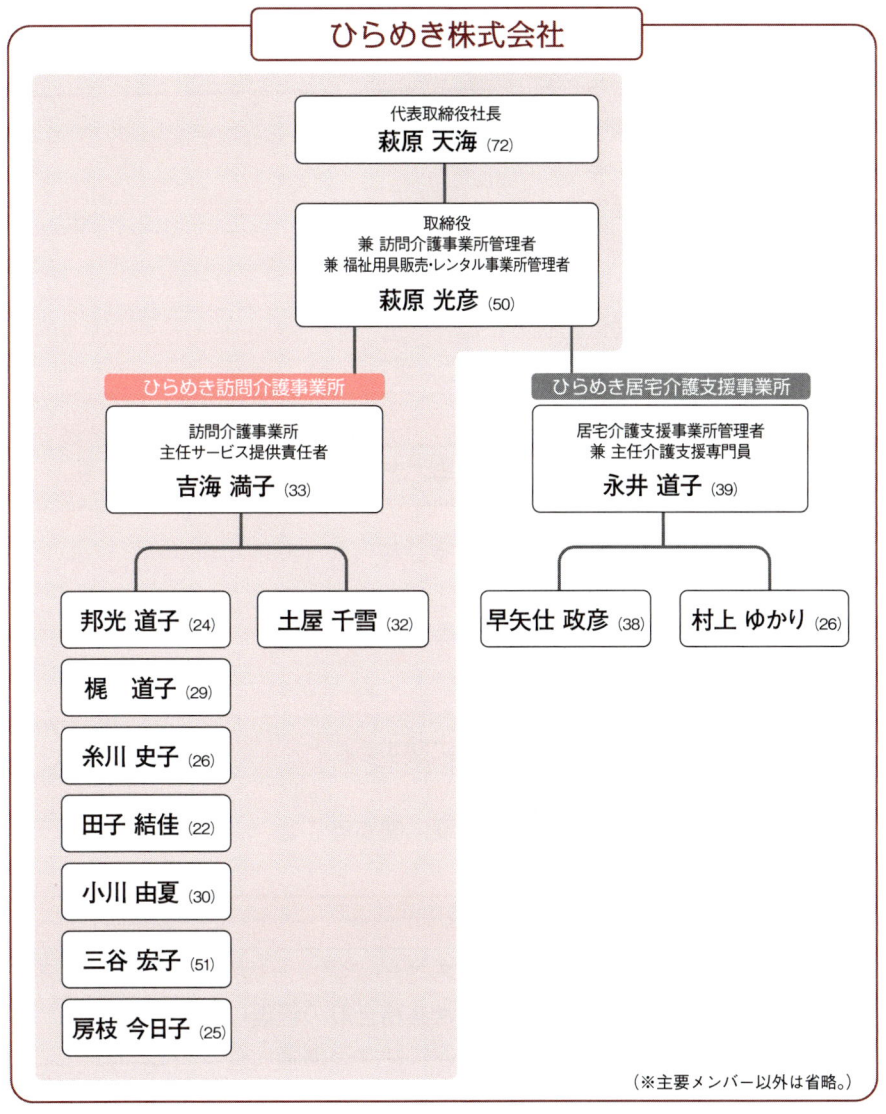

- 代表取締役社長
  萩原 天海 (72)
  - 取締役
    兼 訪問介護事業所管理者
    兼 福祉用具販売・レンタル事業所管理者
    萩原 光彦 (50)

ひらめき訪問介護事業所

- 訪問介護事業所
  主任サービス提供責任者
  吉海 満子 (33)
  - 邦光 道子 (24)
    - 梶 道子 (29)
    - 糸川 史子 (26)
    - 田子 結佳 (22)
    - 小川 由夏 (30)
    - 三谷 宏子 (51)
    - 房枝 今日子 (25)
  - 土屋 千雪 (32)

ひらめき居宅介護支援事業所

- 居宅介護支援事業所管理者
  兼 主任介護支援専門員
  永井 道子 (39)
  - 早矢仕 政彦 (38)
  - 村上 ゆかり (26)

（※主要メンバー以外は省略。）

図2-2　ひらめき訪問介護事業所の役割分担（職務分掌）

管理者
□従業者の管理に関すること □業務管理の全般に関すること □営業売り上げに関すること □事故の解決方法に関すること □苦情の解決方法に関すること □車両管理に関すること □ヘルパーの労働時間に関すること □賃金計算に関すること
主任サービス提供責任者
□サービス提供責任者の管理に関すること □利用者数を管理すること □ヘルパーの空き情報の管理に関すること □ヘルパーの質の向上に関すること □訪問介護計画の作成・管理に関すること □介護サービスの提供に関すること □苦情および事故処理に関すること □ボランティア・実習生の受け入れに関すること □ヘルパーの相談に関すること □ヘルパーの日常業務全般の統括管理に関すること □請求業務の管理をすること
サービス提供責任者
□利用者40人の介護の展開を管理すること □担当利用者におけるヘルパーの日常業務全般の管理に関すること □利用者数を把握し、利用の申し込みにかかる調整を行うこと □担当利用者における実績の管理に関すること □担当利用者における苦情・事故処理に関すること □訪問介護員の質の向上・教育・技術指導及び相談に関すること □訪問介護計画の作成に関すること □ボランティア・実習生への対応と指導に関すること

第3章

相談受付ってどうするの?

> サービス提供責任者への道（その4）
> ❶ サ責の責務を遂行できる環境をつくる
> ❷ 申込みにかかる調整に必要な帳票類を整備する
> ❸ チームで仕事をしていることを忘れない

新米サ責のながーい１日

吉海さん：ああ、そうそう。私、定例の会議があるから、後をしばらく頼むわね。

土屋さん：ひぇ～、それじゃ事務所に誰もいなくなっちゃうじゃないですか！

何、言ってるの。あなたがいるじゃないの（笑）。いくら新任といっても失礼な応対はダメよ。もし何かあっても、きちんと記録してくれれば、帰ってきてから私が何とかするわよ。でも、ケータイはダメ！ 生き死にに関わる緊急事態のみ。じゃ行ってくるわね～！

ひぇぇぇ～、行ってらっしゃい！ ああ、すでに緊急事態って感じ。

　数十分後、ついに電話が鳴りました。土屋さんのドキドキがピークに達します。あわてまくる土屋さんの目には電話の前に貼ってある「応答MEMO」が飛び込んできました。
　土屋さんは、MEMOを読んで少し落ち着いたようです。よっしゃ～！

お電話ありがとうございます！ ひらめき訪問介護事業所・土屋です。

> **応答MEMO**
> お電話ありがとうございます。
> ひらめき
> 訪問介護事業所
> 土屋です♡

永井さん：はい？ ツチヤ？ ああ、新米のサ責さんか。はいはい、お疲れさま。ケアマネの永井ですが、吉海さん、いる？

吉海は午前中会議のため外出しております。ご用件なら、私、土屋が承りますが。

はぁ、留守ってか。じゃ、いいわ。あのさ、新規利用の相談なの。それも「大急ぎ」。要件を伝えるから、吉海さんが帰ってきたら、即、ヘルパーさんの派

第3章 相談受付ってどうするの?

遣ができるかの返事がほしいと伝えといてね。

はい、かしこまりました！　あと、そのサービス内容は具体的にはどのような……。

それがあんた、この利用者さんは……。

　土屋さんは、永井さんから電話で受けた用件をメモして、吉海さんの机の上に置いておきました。

> ケアマネの永井様より電話あり。以下の新規利用についての伝言を受けました。
>
> ・利用者氏名　　　吉永いつかさん　　　女性、70歳
> ・住所　　　　　　S県M市H町●-●-●　公営住宅3号棟102号室
> ・要介護度　　　　要介護4
>
> ・サービス内容
> 　モーニングケア　　　　　　　朝、8時から9時までに30分（月・火・木・土）
> 　モーニングケアと生活援助　　8時から9時半までの1時間（水・金）
> 　イブニングケア　　　　　　　夕方17時から18時までに30分
> 　　　　　　　　　　　　　　　（月・火・水・木・金・土）
>
> 以上の件、ヘルパー派遣が可能かどうかの返事を大至急いただきたいとのこと。
>
> 　　　　　　　　　　　　　　　　　　　　　　　　　　　　　　土屋　受

　土屋さんは自分がケアに向かう時間が来たため、11時過ぎに事業所にカギをかけて出かけました。ケアを終えて事業所に戻ると、先に戻っていた吉海さんのご機嫌がななめ。どうやら土屋さんが残したメモが原因のようです。

お帰り。待ってたわ。ねぇ、このメモは何なの？　サービスの時間は曖昧、モーニングケアだとかイブニングケアだとか書いてあるんだけどさ、これではこの方に「何が必要なのか」が全然見えてこないわ。急げったって、要望に合うヘルパーを探しようもないじゃない。いったい永井さんはどういうケア内容のできるヘルパーがほしいって言ってきたのよ？

😖 げっ！　す、すみません。あのう、そのう……。時間はこちらの都合に合わせるそうですし、モーニングケアやイブニングケアって、たぶん、おむつ交換や着替えのことだと思って……はい。

😠 「たぶん」って何よ？　あなた、まさかケア内容を確認しなかったの？

😥 あ！　申し訳ありません。「モーニングケア」って言われたもんで、つい、その、私が自分でやっているものと同じかな、と思いまして。

😊 ふぅ。一口に「モーニングケア」って言ってもね、実際、いろいろあるわけよ。まぁまだ仕方がないか（笑）。いいわ、私から永井さんに連絡して内容を確認しとくから、横で話を聞いてなさいな。

😊 はい、……すみませんでした。

　吉海さんは、帳票類が入っている棚から「相談受付票」を持ってきて、永井さんに電話で確認しました。電話を終えると、そばで聴いていた土屋さんに、ケアマネから相談を受けた際にするべき確認事項や「相談受付票」の記入方法、ヘルパーの管理台帳などについて詳しく教えてくれました。

　新米サ責の土屋さんの初日がやっと終わりました。

❶ サ責の責務を遂行できる環境をつくる

　繰り返しになりますが、サ責の責務は「指定基準」で定められています。「サービスの申し込みにかかる調整」もその1つ。責務を遂行するうえで問題となるのは、サ責が一般的にヘルパー業務を兼務し、多くの時間、事業所内で業務ができないということに尽きます。それでは、ケアマネからの問い合わせに対して即時対応することが難しくなるからです。

　ケアマネは、居宅サービス計画書を作成する過程において、必要なサービスを提供してくれそうな事業所を探し、各事業所に問い合わせて「やってくれそうな事業所」をピックアップしておきます。

　もしサ責がこの問い合わせの時点で、事業所にいれば、スムーズな相談受付が行われる可能性が高くなります。それは、すぐにヘルパーの空き情報をチェックし、サービスの受託の可否を決定できるからです（事業所によって決定の過程に違いはあります）。

　吉海さんのように不在の場合、電話を受けた人の対応や、その判断によって主観的な伝言メモが残されてしまうことがあります。そうなれば、今回の吉海さんのように、再度ケアマネに問い合わせ、確認したり、何か手違いがあれば、その仕事を引き受けられないことにもなりかねません。

　では、ケアマネはどのような過程を経て居宅サービス計画書を作成していくのでしょう？　それにはケアマネの作成手順を知ることが近道かもしれません。利用者が介護保険制度を利用するためには、居宅サービス計画書が必要になります。この居宅サービス計画書を作成するのが、指定居宅介護支援事業所のケアマネです（➡p.11 表1-1）。

　もちろん、利用者や家族等が作成する「マイケアプラン」でもOKです。とにかく、居宅サービス計画書は、おおむね次の手順で作成されていきます。

❶情報収集・情報分析（アセスメント）を行う。
❷課題を明確にし、「長期目標」および「短期目標」を決定する。
❸短期目標を達成するために必要なサービス（援助内容）を考える。

❹サービスを提供するサービス種別を選択する。
❺サービス提供事業所を選別する。

　ケアマネは、居宅介護支援の専門家として、この❶〜❺の過程を、相談援助技術を使って、本人・家族をプラン作成へと導いていくのです。この過程の❹❺の段階で、利用者に対して、その地域にある利用可能な「社会資源」から、より具体的にサービスの提供が可能な訪問介護事業所等をいくつか紹介します。その後、利用者が「選択」した事業所に対して「サービス提供が可能かどうか」を問い合わせるのです。

　とはいえ、現実には、利用者・家族が「ヘルパーさんに来てもらいたい」という要望であれば、それを実現するためのサービス計画になりがちです（いわゆる、御用聞きプラン）。しかしそれでは介護保険制度の趣旨から外れてしまいます。

　訪問介護事業所では、ケアマネからの問い合わせに対応できる体制と、サ責が責務を遂行できるようなしくみ、帳票の整備をすることが必要です。

　一方では、担当ケアマネのやり方次第では、サ責の「申込みにかかる調整」がやりにくくなる場合も出てきます。それは本書に登場するひらめき訪問介護事業所と同様の、1つの組織で「複数の事業所」を持っている場合に起こりやすいのです。

　この事業所の早矢仕さんのように、サ責からケアマネになり、系列組織内で「異動」になった人の中には、居宅介護支援事業所と訪問介護事業所の「垣根」を勝手に乗り越え、「元サ責」であるがゆえに自らヘルパーの管理台帳を勝手に読み込んだり、「空き情報」を確認したりする人がいるのです。それでは、現任のサ責の頭越しで知らないうちに、サービスが入り、その受託の可否が決定されてしまうこともあり、これなどは系列組織の弊害の1つと言えるでしょう。

　このような行為はサ責の業務遂行の妨げになりますが、内部で行われているために外からはわかりにくいのです。これらの関わりはサービスの申込みにかかる調整をしたという記録も残らないために、訪問介護事業所の介護報

酬の一部返還等のペナルティにつながる場合もあります。そうなれば、それは管理者の責任になりますので、十分注意が必要でしょう。

❷ 申込みにかかる調整に必要な帳票類を整備する

申込みの調整には、おおむね、以下の❶〜❹が必要でしょう。

> ❶相談受付票
> ❷ヘルパー管理台帳・利用者管理台帳
> ❸サービス利用申込書
> ❹サービス提供責任者ノート（経過記録）

業務の流れは以下のとおりです。

1）相談を受け付ける（❶相談受付票）

　訪問介護に関する問い合わせや、利用申込みにおける相談が生じた場合には、必要事項が記録できる相談受付票に記載し、その関わりを文字化して残しましょう。ひらめき訪問介護事業所では、ケアマネからの問い合わせがあれば、誰が対応しても、必要な情報をひととおり記入できるような「相談受付票」（➡p.38 図3-1）を用意し、周知させています。

2）ヘルパーを確保する（❷ヘルパー管理台帳・利用者管理台帳）

　吉海さんは、「相談受付票」に必要な情報を記入し、整理しました。そして、ヘルパーの管理台帳を閲覧しつつ、ケアマネからのニーズに対応可能なヘルパー名をピックアップしました。このように、サ責はヘルパーの管理台帳を見て、時間の空き状況等を確認し、受託の可否について判断を行っているわけです。同時に利用者数の変動を管理するため、利用者台帳へも記載します。

図3-1 相談受付票　　　　　　　　　　　ひらめき訪問介護

受付日	平成24年1月12日	時間	13：00	記入者	吉海　満子
問い合わせ先	ひらめき居宅介護支援事業所			電話番号	080-789△-△△X△
担当者	永井　様	サービス受託可否	（　(可能)　　無理　）		

問い合わせ　内容

住所	S県M市H町の公営住宅	要介護度	要介護4

提供	曜日（曜日に○印を入れる）	時　間	区　分
①	(月)・火・水・(木)・金・(土)・日（祝日）	8：00～8：30	（身体1）
②	(月)・火・(水)・木・(金)・土・日（祝日）	8：00～9：00	（身体1 生活1）
③	月・火・(水)・木・(金)・土・日（祝日）	17：30～18：00	（身体1）
④	月・火・水・木・金・土・日（祝日）		
⑤	月・火・水・木・金・土・日（祝日）		

サービス　内容　（上記No.の詳細を記入）

① モーニングケア（排せつ介助（おむつからリハパン交換・トイレ誘導・Pトイレ処理）
　　整容（着替え含む）　朝食介助：朝食出し（パンと牛乳程度））

② モーニングケア内容（①と同じ）生活援助（洗濯・掃除）

③ イブニングケア（排せつ介助（リハパンからおむつへ交換・トイレ誘導・Pトイレ処理）
　　整容（着替え含む）　夕食セット：配食をあたため提供）

④

⑤

問い合わせ者に対する応答内容。
　調整後、折り返し連絡する。13：30をめど。

ヘルパー調整　調整可能なヘルパー名を記入する。

　月～土　朝担当　梶・糸川・田子。
　水金担当　小川・三谷・房枝。

備考

13：30に永井さんへ電話。ヘルパー派遣が可能であることを伝える。

3）ケアマネより利用申込書を入手する（❸サービス利用申込書）

　ケアマネへ受託の可否を伝えます。受託が可能な場合、ケアマネには、訪問介護事業所への利用申込書の提出を依頼することになります。このような手続きを経て、必要な情報が記載された利用申込書（➡p.40 図3-2）が、ケアマネから送られてきたら、相談受付票とセットで、紙媒体あるいはPCデータとして、利用者ごとにまとめておきましょう。

4）利用者ごとの経過記録（❹サービス提供責任者ノート）

　サ責には、「指定基準」に則した業務や責務があります。ということは、サ責がそれらの業務をきちんと遂行していることを証明すべく、何らかの手立て（記録等）が必要となります。これが、サ責の業務状況を説明する記録、いわゆる「サービス提供責任者ノート（経過記録）」（➡p.41 図3-3）です。

　利用者ごとに作成された経過記録には、その利用者に関わる「報告・連絡・相談・確認」および対応方法が随時記載されています。「相談受付票」に記載された利用者へのサービスが受託可能となった時点で、経過記録が開始されなければなりません。

　決して「提供が始まってから」ではありません。「受け付けた時点から」公的な記録が求められていることをお忘れなく。

　であれば、サービス提供が可能となった利用者の相談受付記録と経過記録は連動していなければならないのは言うまでもありませんよね。

5）利用申込者のサービスの選択に資する行為を実施し、記録に残す

　利用者宅へ「事前訪問」のアポ取り（訪問予約）を行います。相談受付後、サービス受託の可否を決定し、ケアマネへ受託の可否を伝えて、利用申込書および居宅サービス計画書原案が届くのと並行して、サ責は、利用者宅へ電話等で連絡を取り、事前訪問の日程を調整することになります。

　訪問介護事業所は、指定基準第8条で「指定訪問介護の提供の開始に際し、あらかじめ、利用申込者又はその家族に対し、運営規程の概要、訪問介護員等の勤務の体制その他の利用申込者のサービスの選択に資すると認められる

● 図3-2 ひらめき訪問介護事業所　利用申込書

平成24年1月12日

居宅介護支援事業所名	ひらめき居宅介護支援事業所
担当者氏名　永井　道子　様　　電話 080-789△-△△X△	
利用者情報	
担当者氏名　吉永　いつか　様　　電話 XX-777-△△○□	
住所　S県M市H町●-●-●　公営住宅3号棟102号室	
利用者家族名　吉永　今日子　様　　電話 XX-234-6789　本人との関係　長女	
住所　S県M市K原●-●-△　セントラルハイツはやし303号室	
介護保険情報	
要介護度　　　　　　　　認定期間	
居宅サービス計画書(原案)　　　　　(有)　　無	
居宅サービス計画書　配布 (済み) (1) 2 3　(備考　サービス内容の詳細は要相談) 　　　　　　　　　　　配布　未　配布予定日 (　　月　　日)	
その他の情報提供	
事前訪問　調整　欄　(下記は記入しないでください)	
事前訪問のアポ取り　(済み)　未　　事前訪問予定日時　1月12日　16時	
面会予定者名　本人　　吉永　いつか　様 面会予定者名　家族　(吉永　今日子　様)　本人との関係　長女 面会予定者名　その他	
事前訪問時に注意すること	
駐輪場(駐車場)　　都営住宅裏の駐車場へ入れる。	
入室の際に注意点　　ドアチャイムにて事業所名を告げる。娘さんがカギを開ける。	
その他	
事前訪問・持ち物チェック表 　身分証明書・パンフレット・契約書および重要事項説明書・居宅サービス計画書・筆記用具 　サービス提供責任者ノート(経過記録)	
担当者名(サービス提供責任者)　　土屋　千雪	

040

図3-3 サービス提供責任者ノート(経過記録)

利用者名　吉永いつか様　　　　　　　　サービス担当者名　土屋千雪

日時	担当者	内容	記入者	サ責
H24.1.12 10:00	永井CM	サービス提供について相談がある。		
13:00	永井CM	相談内容を再確認(申込みにかかる調整)。 相談受付票に記入。 モーニングケア　梶・糸川・田子。 イブニングケア　小川・三谷・房枝。	吉海	
13:30	永井CM	上記メンバーにて対応可能と判断し、受託可能を伝え利用申込書を受け取る。	土屋	
14:00	永井CM	居宅サービス計画書原案を受け取る。	土屋	
14:20		吉永さんへ【事前訪問のアポ取り】 本人宅へ電話をする。娘さんと話す。 リハビリを終えて自宅に戻った。 排せつのケアに自信がない、 その部分の助けがほしいとのこと。 本日16時に、吉海と土屋が訪問することを伝える。	土屋	土屋
16:00		【自宅訪問】本人と娘さんと会う。 自己紹介を行い、介護保険制度での訪問介護事業所の役割の説明。サービス区分の説明。自社サービスについて、パンフレットを用いて説明し、当事業所を活用する旨の承諾を得る(ケア手順作成)。 モーニングケア・イブニングケア及び自立支援の見守り的援助について、現在は、どのようにしているのかをうかがった(詳細はケア手順参照)。		
17:30	永井CM	【帰社】ケアマネに事前訪問が終了したことを伝える。	吉海	土屋
H24.1.13	永井CM	サービス担当者会議の要点を受け取る。1月14日14:00より吉永さん宅でサービス担当者会議開催(予定)。 ケア手順・訪問介護計画書原案作成する。		

重要事項を記した文書を交付して説明を行い、当該提供の開始について利用申込者の同意を得なければならない」とされています。

　つまり、サ責は利用者とその家族に対して「サービスの選択に資する」行為を行う必要があるのです。それが、いわゆる「事前訪問」というわけです。その後に開かれる「サービス担当者会議」に支障が出ないように、事前訪問は速やかに（3日くらいがめど）行う必要があるでしょう。

❸ チームで仕事をしていることを忘れない

　サ責は、ヘルパーとして、サービス提供も行っているので、ここに出てきた帳票類のすべてを自分で記載する必要はありませんが、誰が電話を受けて書いても、必要な情報に漏れがないように、相手に尋ねる項目立てに工夫を持たせましょう。普段からの取り決めも大切です。サ責はケアマネよりも、チームで仕事を行っているという意識が必要です。なにしろ、同行あり、不在ありの業務体制なのです。経過記録と併せて、連絡を受けた人が記入しやすいように、ひとまとめにファイルしておきましょう。もちろん、受けた者は署名ないしは捺印を行い、責任の所在を明確にしておきます。

> **経過記録の残し方**
> ・利用者ごとに経過記録を作成する。
> ・経過記録を1つのファイルに入れて「サービス提供責任者ファイル」とする。
> ・サ責の不在時に、利用者等を含む関係機関からの問い合わせがあった場合には、それを受けた者が該当する利用者の「経過記録」に必要要件を記入し、付箋等を使って、問い合わせ等があったことがわかるようにしておく。
> ・サ責は帰社後、必ずそのファイルを確認して、求められている内容に対して対応する。
> ・その利用者に対して対応した記録をその利用者の経過記録へ残す。
> ・利用者の経過記録が蓄積したら、利用者台帳へ移動し、保管する。

第4章

サービス提供責任者の業務と責務

> サービス提供責任者への道（その5）
> ❶ 指定基準第24条の「訪問介護計画の作成」を理解する
> ❷ 指定基準第28条の「管理者及びサービス提供責任者の責務」を理解する
> ❸ 第24条、第28条のチェックポイントシートを活用する

サ責は指導者なのだ！

吉海さん： さてさて、今日は2人とも、幸か不幸か、10時半までは援助が入っていないから、この間にサービス提供責任者の業務と責務について説明しとくわね。じゃあいつもの「サービス提供責任者のマニュアル」を持ってきて。

土屋さん： は〜い。

吉海さん： ええと、そうそう、図1の「ケアマネジメントの展開と介護過程の展開」のところだったかな？

土屋さん： だと思いますぅ。うん？　ああ、どんピシャここでした！

吉海さん： ……まぁいいわ（笑）。さて、この図が、私たちがしていることを目に見える形にしてある図だからね。しっかり覚えてちょうだいな。

土屋さん： は〜い。ええと……。おお、うん？　おや？　へ？

吉海さん： ほんとに大丈夫かしら？　今日はこの図についてさらに詳しく説明するわよ。マニュアルの後ろには「指定居宅サービス等の事業の人員、設備及び運営に関する基準」があるでしょう。

土屋さん： ううんと、なんだか細かな文字と漢字がたくさん。読むだけでも、ああもうたくさんって感じ……。

吉海さん： ふん、ギブアップが早いわね。土屋さん、サ責は管理者に次ぐ責任ある立場だということを理解したんじゃなかったの？

土屋さん： そりゃそうですけどぉ、これはこれ、それはそれです。こんな文章を覚えなきゃいけないなんて、た〜いへんだ〜と。

吉海さん： ええ、大変よ。そりゃ新規に「文章で」覚えるならね。でも、ここに書かれていることは、あなたがヘルパー時代にやっていることだとすれば、どうよ。

土屋さん： ええ？　私がやっている？

第4章
サービス提供責任者の
業務と責務

じゃ順番に説明するよ。ところで、土屋さん、ヘルパーとして、利用者さんのところに援助に行く前には、どんなことわかっていたらいいと思う？

そりゃ援助内容ですよ。あれ？　どんな人とか、どんな病気がある人か、かな？

それもわからないといけないわね。つまり、利用者の状況がわからないといけないわよね。たとえば、ここの第24条「訪問介護計画の作成」のところに、「利用者の日常生活全般の状況や希望に沿って、介護の目標や、その目標を達成するための具体的なサービス内容を書いた訪問介護計画書をつくりなさい」って書いてあるでしょう。

やややや、本当。たしかにヘルパーはこれがわからなければ仕事に行けないもの。

そんで、ここの第28条には、この第24条に規定されていることがサービス提供責任者の業務だって書いてあるでしょう？

やややや、本当だ。うん？　そのあとに「訪問介護員に対する研修、技術指導を実施すること」な〜んてのもありますね。

そう。だから、ウチも定期的に研修を行っているわけよ。土屋さんだって、参加したこと、あるでしょう？

ええ、まぁ。でも、今度は私が指導する立場になるんですかぁ？　ははは、私には無理ですよ。

そうかしら？　けっこうできると思うわよ。だって、すでにヘルパー時代に、新しいヘルパーさんに同行して、やり方を教えていたでしょ？

だって教えなきゃ、あの糸川さんったら……まったく……。いや、そりゃ、新しい人には、伝えなければわかりませんもの、はい。というか、一緒にやっただけです。

まぁ、少しずつ覚えていけばいいから。とりあえず、今日はこの業務と責務についてを理解してちょうだい。

　こうして、吉海さんは、指定基準の中の、第24条と第28条について、解説をしました。
　さて、サービス提供責任者の業務と責務を理解していきましょう。

045

❶ 指定基準第24条「訪問介護計画の作成」を理解する

指定基準第24条　訪問介護計画の作成
1　サービス提供責任者（第５条第２項に規定するサービス提供責任者をいう。以下この条及び第28条において同じ。）は、利用者の日常生活全般の状況及び希望を踏まえて、指定訪問介護の目標、当該目標を達成するための具体的なサービスの内容等を記載した訪問介護計画を作成しなければならない。

サ責は、まず利用者の日常生活全般の状況と希望の把握に努めます。ここで述べられているのは、訪問介護計画書を作成するために、サ責は利用者の日常生活および希望を踏まえること。訪問介護計画書は、訪問介護の目標、その目標を達成するための具体的なサービスの内容を記載することが求められているのです。

ここの具体的なサービス内容とは、ありがちな単なるサービス行為の羅列ではなく、利用者のしていること、できること、できないことを明確にしたうえで、ヘルパーはどのような援助を行うのか、具体的に明記することが求められているのです。

そのため、訪問介護計画書の様式には、自由記述ができるスペースが必要であると言えるでしょう。

2　訪問介護計画は、既に居宅サービス計画が作成されている場合は、当該計画の内容に沿って作成しなければならない。

訪問介護計画書は、居宅サービス計画書に沿って作成することが規定されています。

3　サービス提供責任者は、訪問介護計画の作成に当たっては、その内容について利用者又はその家族に対して説明し、利用者の同意を得なければならない。

サ責は、訪問介護計画書の作成に当たって、利用者等に説明し、同意を得る必要があります。具体的には、必要な帳票類(利用者台帳・アセスメント表・ケア手順書・訪問介護計画書・モニタリングシートなど)について説明し、その同意を得る必要があります。

> **4** サービス提供責任者は、訪問介護計画を作成した際には、当該訪問介護計画を利用者に交付しなければならない。

　サ責は、訪問介護計画書を作成したら、利用者等に交付する必要があります。また、できれば、サービス担当者会議上で承認を得たのち、担当のケアマネにも渡しておきましょう。

> **5** サービス提供責任者は、訪問介護計画の作成後、当該訪問介護計画の実施状況の把握を行い、必要に応じて当該訪問介護計画の変更を行うものとする。

　サ責には、サービス開始後に、ヘルパー等と連携を図り、サービスの実施状況の把握や利用者の状況の変化を把握することが求められます。また、必要に応じて利用者宅を訪問(モニタリング)し、現状把握(再アセスメント)を行い、訪問介護計画書を変更することが規定されています。

　この訪問介護計画書の変更を行う場合で、もし居宅サービス計画書の変更まで必要とする場合は、ケアマネがサービス担当者会議を開催する必要があるのです。このような場合、速やかに担当のケアマネに報告し、必要な手立てをしてもらいましょう。

> **6** 第1項から第4項までの規定は、前項に規定する訪問介護計画の変更について準用する。

　ここでは、介護過程の展開を行うための規定が記されています。サ責は介護過程の展開のサイクルがうまく機能するように計画的に行動しましょう。

❷ 指定基準第28条「管理者及びサービス提供責任者の責務」を理解する

　サ責の責務は、指定基準第28条「管理者及びサービス提供責任者の責務」の中で規定されています。サ責は、第24条で規定されている訪問介護計画書の作成のほかに、以下の内容についての責任を負う立場にあります。

　指定基準の中にあるサービスの中で、管理者のほかにその責務が明らかになっている担当者はサ責だけです。そのことからも、サ責は自分の責務を十分に理解したうえで、任務を遂行しましょう。

> **指定基準第28条　管理者及びサービス提供責任者の責務**
> １　指定訪問介護事業所の管理者は、当該指定訪問介護事業所の従業者及び業務の管理を、一元的に行わなければならない。

　管理者は、指定基準第6条にて、「管理上支障がない場合は、他の職務に従事することができる」と規定されています。そのうえで、第28条で、管理者の責務が明確になっているのです。ここで管理者は、訪問介護事業所の従業者および業務の管理を一元的に行うこととなっていますので、管理者は、サ責の業務を管理しなければならないのです。

　もし、あなたが働く訪問介護事業所の管理者が、「訪問介護のことは君(サ責)に任せたから」と言うのであれば、それは、「管理者の責務」を放棄したことになります。そこで、サ責は、管理者がその責務を果たせるように、サ責の業務や責務の一覧表とも言える利用者の管理台帳等を作成しましょう。

　管理台帳には、各利用者の認定期間と、要介護度・アセスメントの更新日・訪問介護計画書作成(交付)日・サービス担当者会議参加日ならびに予定月・モニタリングの有無・訪問介護計画書の見直し(予定月)等記載されている必要があります。そのうえで、サ責が、ひと月ごとに業務報告として提出し、管理者にチェックしていただきましょう。利用者等の中には「自分のことはケアマネに任せているから、サ責は来なくてもいい」などと言って、サ責の業務や責務が遂行できていない場合もあります。

そのような場合でも、サ責が1人で悩む必要はありません。サ責が素直に管理者に申告することにより、管理者にも「できない理由」がわかるのです。

> 2　指定訪問介護事業所の管理者は、当該指定訪問介護事業所の従業者にこの章の規定を遵守させるため必要な指揮命令を行うものとする。

管理者は、従業者にこの指定基準に規定されている内容を遵守させるために必要な指揮命令を行うこととされています。管理者が、従業者にこの指定基準を伝える時間が必要になります。サ責も、管理者がヘルパーに対して説明する機会を設けられるように、採用時研修等でその時間を設けて説明していただきましょう。

> 3　サービス提供責任者は、第24条に規定する業務のほか、次の各号に掲げる業務を行うものとする。

ここに、サ責が第24条に規定する業務を遂行することが責務として明記されています。

> 一　指定訪問介護の利用の申込みに係る調整をすること。

利用の申込みに係る調整はサ責が行います。ここで必要な帳票は「相談受付票」です。

申込みの調整の手順
❶ケアマネ等からヘルパー派遣の依頼を受ける。
❷ヘルパーの管理台帳を参照し、空き情報を確認する。
❸ケアマネにヘルパー派遣の可否を報告する。

可能な場合には、ケアマネより、①利用申込書、②居宅サービス計画書原案をいただきましょう。サ責は、ケアマネが希望する日時に、ヘルパーの確保ができない時であっても、むやみに「できない」と断ってはいけません。サ責が管理台帳より読みとった、ヘルパーが空いている日時を伝えましょう。

ケアマネがヘルパーの空き情報を知ることにより、利用者と相談し、日時をヘルパーの空きに合わせてくれるかもしれません。同時に、訪問介護事業所の空き情報を伝えることにもなります。

> 二　利用者の状態の変化やサービスに関する意向を定期的に把握すること。

サ責は、利用者の状態の変化とその時々の意向を定期的に把握します。その手立てとして、事前にアセスメントを行い、サービス開始後は定期的にモニタリングを行い、同時に利用者等の意向を把握します。

> 三　サービス担当者会議への出席等により、居宅介護支援事業者等と連携を図ること。

サ責には、ケアマネが開催するサービス担当者会議へ出席すること、ケアマネやその他のサービス事業者等と連携を図ることが求められています。サービス担当者会議に参加するためには、様々な準備が必要です。詳細はサービス担当者会議の章(第10章)にて案内します。

> 四　訪問介護員等(サービス提供責任者を除く。以下この条において同じ。)に対し、具体的な援助目標及び援助内容を指示するとともに、利用者の状況についての情報を伝達すること。

サ責がヘルパーに対して行う利用者情報の伝達方法(オリエンテーション)について規定されています。サ責がヘルパーにオリエンテーションをする時には、下記の帳票等を用いて利用者情報を伝えます。
・居宅サービス計画書
・訪問介護計画書およびケア手順書(指示書)
・オリエンテーションシート(これはオリエンテーションを行った記録用紙です。)

> 五　訪問介護員等の業務の実施状況を把握すること。

ヘルパーが利用者宅へ訪問する時間およびサービスの内容は、居宅サービ

ス計画書・訪問介護計画書によって明記されています。サ責は、ヘルパーが決められた時間にサービス提供をしているかを確認する必要があります。このようなヘルパーの実施状況を把握する手立ては、各事業所によって違いがありますが、おおむね下記の要領で行っています。

・ヘルパーより訪問前と訪問後に連絡をもらう(電話・メール)。
・介護記録を確認する。

なお、事業所都合で、訪問時間を変更する場合もあるかもしれません。それが単発的な場合には、ケアマネに理由を伝え、実績を変更する必要があります。その変更が常態化(常にそのような状態になること)する場合には、ケアマネに相談し、プランを変更してもらう必要があるでしょう。

六　訪問介護員等の能力や希望を踏まえた業務管理を実施すること。

サ責は、ヘルパーの能力や希望を踏まえたうえで、ヘルパーにサービスを依頼します。ヘルパーの能力や希望を知るためには、入社時(配属時)に面接を行い、希望内容を確認しておきましょう。また、能力を測る手立てとして、簡単な筆記試験を行ってみたり、自分のケアに同行させて、そのヘルパーの力量をみるなどを行います。それらの結果に見合った業務を普段から担当させておきましょう。

七　訪問介護員等に対する研修、技術指導等を実施すること。

サ責には、ヘルパーに対して技術指導をするために、研修を行うことが責務として義務づけられています。ヘルパーの育成を効果的に行うためには、研修計画があったり、報告書があったりと、様々な帳票類が必要になります(➡p.171)。それぞれ研修に必要な帳票類を参照してください。

八　その他サービス内容の管理について必要な業務を実施すること。

サ責には、第24条に定められた業務と、第28条で定められた責務がありま

す。この業務と責務には介護過程におけるサ責の行動(利用者との連絡調整、他職種およびヘルパーとの連携)が記されています。これらの業務を遂行した際には、その行動を記録に残す必要があります。これはケアマネが作成している「支援経過記録」と同じ性質のもので、ここでは「サービス提供責任者ノート(経過記録)」としておきます。

　経過記録を残すうえでの問題は、サ責はサービス提供も担当しているということでしょう。自らもサービスを実施、利用者情報を把握したり、ヘルパーの能力を図ったりしているために、常に事業所にいられるとは限りません。そのために、サービス提供責任者ノート(経過記録)を残し、有効に活用する手立てを考えておく必要があるでしょう(➡p.41 図3-3)。

③ 第24条、第28条のチェックポイントシートを活用する

　ここでは、先の指定基準に沿って、規定されている業務と責務をサ責が遂行するためには「何が必要なのか」をチェックシートを用いて紹介していきます。これは、サ責のマニュアルとも言えるものです。

　なお、訪問介護計画書の様式は、ケアマネの居宅サービス計画書のように、国で統一した帳票類はありません。そこで、各事業所ではソフト会社が開発したソフトを活用するか、あるいは各事業者が試行錯誤をして作成しているのが現状です。

第4章 サービス提供責任者の業務と責務

● 図4-1 サービス提供責任者マニュアル

相談受付 空き情報の有無を確認 ─なし→ 相談受付ファイルへ記載

↓あり

❶ 相談先へ受託可否を伝える

　可能な場合には下記帳票をいただき、経過記録への記入を開始する
　　①利用申込書　②居宅サービス計画書原案

❷ 利用者宅へ事前訪問を行う

　①利用者等へ連絡して日程を調整する
　②訪問介護の説明・同意を得て契約する
　③訪問介護計画書作成に必要な情報収集を行う

❸ 訪問介護計画書原案作成

　アセスメントを行い、ケア手順書と訪問介護計画書を作成する

❹ 初回サービス担当者会議参加・居宅サービス計画書等承認・サービス開始

❺ 初回訪問(サ責自身の訪問・ヘルパーオリエンテーション・ヘルパー同行訪問)

❻ サービス管理

　①サービス提供票のチェック(毎月ヘルパーに仕事を依頼)
　②モニタリング表
　③実績報告書(毎月ケアマネに報告)

❼ ケアカンファレンス

　ヘルパーと担当者会議を行う

❽ 定期的なサービス担当者会議へ参加

Ⓐ 再アセスメント
▼
Ⓑ 訪問介護計画書の見直し
▼
Ⓒ 承認を得る

❾ サービスの終了

　利用者台帳を保管する

経過記録終了

053

● 表4-1 サ責のためのチェックポイント（第24条）

①訪問介護計画書の帳票類をチェックしましょう。

☐ 必要な情報を記入できるように、項目名を整備した訪問介護計画書の様式を作成しましょう。訪問介護計画書に必要な項目名等は、第9章を参照してください（➡p.105）。
☐ 利用者台帳や、アセスメント表は整備しましたか？　生活全般の状況を把握するために、今の心身機能や身体構造（病気および病歴等）、活動（ADL情報およびIADL情報等）、参加（生活歴や、楽しみな趣味、コミュニケーション能力等など）を把握します。
☐ 利用者台帳（➡p.80 図6-1）およびアセスメント表に書き込みましょう（➡p.96 図8-2）。

②居宅サービス計画書の作成方法を理解しましょう。

☐ 居宅サービス計画書(1)をよく読みましたか。
☐ 居宅サービス計画書(2)のサービス内容は把握しましたか。
☐ 週間サービス計画表のサービス提供時間を把握しましたか。

③訪問介護計画書作成方法について説明し、同意を得ましょう。

☐ 訪問介護計画書作成に必要な帳票類の特色について説明しましたか。
☐ それらを用いて利用者情報を管理することを説明し、またその同意を得ましたか。

④訪問介護計画書を作成したら、利用者等に交付しましょう。

☐ 訪問介護計画書は、サービス担当者会議で説明できるように期日を守って作成しましたか。
☐ 訪問介護計画書を利用者等に交付しましたか。
☐ 訪問介護計画書を担当ケアマネに提示しましたか。
☐ 訪問介護計画書はサービス担当者会議上で承認されましたか。

⑤訪問介護計画の実施状況の把握を行い、必要に応じて訪問介護計画書を変更しましょう。

☐ 定期的に介護記録を閲覧し、利用者の状況を把握していますか。
☐ 常に担当のヘルパーからサービスの提供方法について変化が生じていないか、確認をしていますか。
☐ 定期的にモニタリングに出向き、サ責の視点で利用者状況の把握をしていますか。
☐ サービス内容の変更が必要な場合には、担当のケアマネに報告し、相談していますか。
☐ 利用者が、ヘルパーの利用状況を把握して、自分ですることを増やした場合、それにより、生活援助が身体介護に変化する可能性がある場合には、利用者にサービス行為ごとに料金が変化することを説明し、同意を得ましたか。
☐ 担当ケアマネが、サービス担当者会議を速やかに開催できるように必要な援助をしましたか（訪問介護計画書（案）等を提示して、課題や目標を具体的に提示するなど）。

⑥介護過程の展開を効果的に行いましょう。

☐ 一定期間が経過したら、速やかにモニタリングを行っていますか。
☐ モニタリングの結果をまとめて担当ケアマネに報告していますか。
☐ 介護過程の展開をサービス提供責任者ノート（経過記録）に残していますか。

🔴 表4-2 サ責のためのチェックポイント(第28条)

①管理者は、従業者および業務の管理を、一元的に行わなければならない。
□サ責の業務遂行の進捗状況を把握できる、利用者の管理台帳はありますか。
□管理者は、サ責の業務と責務が正しく遂行されているかチェックしていますか。
②管理者は、従業者にこの基準を遵守させるため必要な指揮・命令を行う。
□採用時研修等で、指定基準についての説明がなされていますか。
□定期的に指定基準の内容を伝える機会(研修)を設けていますか。
③サ責は利用の申込みの調整を行う。
□利用申込書はありますか。
□ヘルパーの管理台帳は整備されていますか。
④利用者の状態の変化やサービスに関する意向を定期的に把握する。
□アセスメント表はありますか。
□定期的にモニタリングを行っていますか。
□モニタリングを行ったことを経過記録などに記録していますか。
⑤サービス担当者会議に参加するなど、ケアマネと連携する。
□サービス担当者会議へ参加していますか。
□ケアマネよりサービス担当者会議の要点を入手し、保管していますか。
□ケアマネと連携している記録を経過記録に残していますか。
⑥ヘルパーに対して具体的な援助目標および援助内容を指示し、利用者の状況についての情報を伝達する。
□ヘルパーに対して、文書等(居宅サービス計画書・訪問介護計画書・ケア手順書など)を用いて、オリエンテーションを行っていますか。
□オリエンテーションシートなどを活用して、ヘルパーに情報についての確認印などを得ていますか。
□オリエンテーションを行ったことを経過記録に残していますか。
⑦ヘルパー等の業務の実施状況を把握する。
□ヘルパーの業務の実施状況を把握する手立てを講じていますか。
□定期的にヘルパーの介護記録を閲覧していますか。
⑧ヘルパー等の能力や希望を踏まえた業務管理を行う。
□ヘルパーの能力を測るような手立てを講じていますか。
□定期的にヘルパーと面接などをして希望を把握していますか。
□ヘルパーごとの業務管理票はありますか。
⑨ヘルパー等に対する研修、技術指導等を実施する。
□研修を管理できる帳票を整備していますか。
□毎年、研修の年間計画を立てていますか。
□サ責は、ヘルパーに対して技術指導ができるように自己研鑽をしていますか。
⑩その他サービス内容の管理について必要な業務を実施する。
□サービス提供責任者ノート(経過記録)を利用者ごとに作成していますか。
□経過記録が蓄積されるようなしくみを構築していますか。
□経過記録は利用者ごとに蓄積されていますか。

第5章

居宅サービス計画書から必要な情報を手に入れる

> **サービス提供責任者への道（その6）**
> ❶ 居宅サービス計画書を読んで理解する
> ❷ アセスメントを理解する
> ❸ ICF の考え方を理解する

ケアマネの役割って何？

吉海さん：そうそう、土屋さん。吉永さんの事前訪問に行く前に、永井の姉さんがつくった「居宅サービス計画書」の内容を確認しておきましょうか。

土屋さん：はい、あの「永井の姉さん」ですか（笑）。「居宅サービス計画書」って、「ケアプラン」のことですよね？

そのとおり！　なんだ土屋さん、知っていることもあるんじゃない！

失礼だなぁ！（笑）　ううん、そりゃ、見たことくらいはありますよ。ええ、ただ、見たことがあるだけですが。

なんだ、それじゃだめよ。でも、今までは、主に訪問介護計画書や、ケア手順書のことばかりだったからねぇ。仕方ないか。

吉海さんもケアマネになった早矢仕さんの引き継ぎで、てんてこ舞いでしたしね。

いいや、そんなことは理由にならないわよ。きちんと伝える必要があることは、伝えないとね。だから、今この居宅サービス計画書の読み方についてがっちり説明するから、土屋さんはヘルパーさん達にしっかりと説明しといてね。

がーん！　そう来ましたか。自分がヘルパーさんに説明するんですか？　じゃあ今度はまじめに聞かないと（笑）。あれ、でも吉海さん、この吉永さんのケアプラン3枚ありますよ？　確か、おぼろげな記憶じゃケアプランは2枚だったような気が……。

おぼろげはダメ（笑）。そう、本来は3枚なの。これにはそれぞれ名称があるから、良く見て覚えてね。まず、これが「居宅サービス計画書(1)」っていうの。ほら、ここに吉永さんの名前とか、永井さんの名前が書いてあるでしょう？

やややや、本当だ。「ひらめき」の住所も書いてある。

そう、ここには、利用者の個人情報が満載なの。だから取扱い注意の情報だからさ、なかなか、秘密保持が難しいヘルパーさん達には……あまり見せなかった、というわけ。それから、こっちが「居宅サービス計画書(2)」よ。

第5章 居宅サービス計画書から必要な情報を手に入れる

自分も見せてもらったことないです（泣）。あっ、これはヘルパーの時にも見たかな。たしかここに書かれたこと以外はしてはいけないと言われましたっけ。

ええ、ここには、訪問介護に依頼されたサービス内容が書かれているのよ。事前訪問に行ったら、このサービス内容に記載されている内容について、利用者等に確認したうえで、具体的な援助方法を考えていくのよ。

なるほど。今までは、ヘルパーのサービス内容しか見なかったけど、他のサービス内容も丁寧に書かれていたんですねぇ。

そうよ。「居宅サービス計画書(2)」は、いわば、利用者さんの生活全体を支援していくものだから、各サービスで、ばらばらにサービスを提供するのでは、利用者さんも困ってしまうでしょう。だから、ケアマネは、その人らしい生活を支えるための目標達成方法を管理しながら、サービス内容や、サービス提供の種類などを考慮してつくっているというわけ。

ふうん。永井の姉さんってすごいんですね！

あんたも言うかい！（笑）　そうよ。だから、私たちもサ責の専門家として張り切らなくっちゃね。

はい！　ところで、吉海さん。この「週間サービス計画表」って色がついていて見やすいですね。

ははは、それね。ひらめきのケアマネは、そうやって見やすくしてくれるの。そうじゃないところも多いのよ。大手の×●▽なんかひどいらしいわ。この「週間サービス計画表」は、唯一、利用者の日常生活を見て確認できるものでしょう？　たとえば、ううんと、……永井さんは書いてくれていると思うけど…、ほらほら、ここの緑のところは、娘さんからの電話の件が書いてあるでしょう？　この日曜日のピンクは、娘さんが来るって書いてあったり。

ああ、本当ですね。書いてあるぅ！

つまり、利用者と家族との関わりが見えることは、ヘルパーにとっても重要な情報なわけ。また、本人にもわかりやすいしね。

なるほど、ケアプランって大事なものなんだったんですね〜。ケアプラン（案）なしでも、訪問介護計画書をつくっている所もあるって聞くから、てっきりどうでもいいものかと思ってましたぁ。

こらこら（笑）。じゃあ、あとこの……。

❶ 居宅サービス計画書を読んで理解する

　サ責の業務は、「訪問介護計画書」の作成ですが、ここではケアマネが作成する「居宅サービス計画書」の読み方、ケアマネのアセスメント手法とサ責のアセスメント手法の違いを具体的に示しておこうと思います。また、吉永さんの事例を活用して、居宅サービス計画書に沿った援助ができるように、具体的なケア手順の流れの導き方も案内しましょう。

　「訪問介護計画書」の作成手順は、はじめに利用者と一緒に「居宅サービス計画書(1)(2)、週間サービス計画表」に記載されている訪問介護のサービス内容について、それぞれを確認して、具体化していくことから始まります。そのため、サ責も「居宅サービス計画書」の読み方を理解する必要があります。

❶「居宅サービス計画書(1)」には利用者の基本情報と総合的な援助方針が記載されている

◆利用者氏名・生年月日・住所・居宅サービス計画作成者氏名と居宅介護支援事業者・事業所名及び所在地

　居宅サービス計画書を受け取ったら、利用申込用紙を参照して、氏名、生年月日、住所などに間違いがないかを確認しましょう。

◆居宅サービス計画作成(変更)日

　区分変更や更新などがされた場合には、前回のものから日時が変更されているかを確認しましょう。

◆初回居宅サービス計画作成日

　利用者が初回に居宅サービス計画を作成した日が記載されています。

◆認定日

　利用者の要介護状態と、認定の期間を認定した日が記載されています。認定の有効期間は、利用者の認定期間の有効期間を示すもので、当該居宅サービス計画書の有効期間を示すものです。

◆利用者及び家族の生活に対する意向欄

　利用者および家族が、介護保険制度を活用して、どのような生活をしたい

と考えているか。その意向が記載されています。家族が多い場合には、家族ではなく、夫・妻・長女・長男・次男・孫などそれぞれの名称を用いて記載される場合もあります。

◆介護認定審査会の意見及びサービスの種類の指定

「居宅サービス計画書(1)」の中央には、介護認定審査会の意見およびサービスの種類の指定を記入するスペースが設けられています。被保険者証に「介護認定審査会の意見及びサービスの種類の指定」が記載されている場合には、こちらにも転記されています。こちらに記載がある場合は、ケアマネには、サービス担当者会議において、介護認定審査会の意見とサービスの種類の指定がされていることを踏まえた協議をすることが求められています。

◆総合的な援助の方針

ケアマネが行う、課題分析結果から抽出された「生活全般の解決すべき課題(ニーズ)」に対応して、各種のサービス担当者を含めて、ケアマネがどのようなチームケアを行おうとしているのか。それらを「総合的な援助の方針」として記載しています。また、あらかじめ発生する可能性が高い緊急事態が想定される場合には、対応ができる機関や、その連絡先等について記載することが望ましいとされています。

> **先輩サ責からのアドバイス①**
>
> 「居宅サービス計画書(1)」にある、これらの情報は、利用者の基本情報となるものですから、利用者台帳(基本情報。いわゆるフェイスシート)に転記しておきましょう。また、ここで得た情報は、後日事前訪問の際に、居宅サービス計画書を用いながら間違いがないかをそれぞれ確認しましょう。

(※居宅サービス計画書作成の手引編集委員会編『四訂 居宅サービス計画書作成の手引 第2版』財団法人長寿社会開発センター, 2010. 参照)

図5-1 居宅サービス計画書(1)

	(初回) 紹介 継続　(認定済) 申請中
利用者氏名 吉永いつか 殿　　生年月日 昭和17年12月3日	住所 S県M市H町●-●-● 公営住宅3号棟102号室
居宅サービス計画作成者氏名　　永井 道子	
居宅介護支援事業者・事業所名及び所在地　ひらめき居宅介護支援事業所	
居宅サービス計画作成(変更)日	初回居宅サービス計画作成日 平成24年1月12日
認定日　　　認定の有効期間　　平成23年11月15日～平成24年10月31日	

要介護状態区分	要介護1　要介護2　要介護3　(要介護4)　要介護5
利用者及び家族の生活に対する意向	本人：今回倒れるまでは自分で自分のことができていた。ようやく家に戻ってきたから、自分の家のトイレに行けるようになりたい。そのためにも、引き続きリハビリをしたい。 長女：まだまだ1人暮らしは大変だとは思うが、母の家で生活したいという気持ちを大切にして、応援したい。 日曜日には訪問して、身の回りの世話をしたい。
介護認定審査会の意見及びサービスの種類の指定	
総合的な援助の方針	吉永さんは、リハビリ病院を退院して、居宅に帰ってきました。新居はバリアフリーで生活はしやすいようですが、引き続きリハビリを受けて、自分のできるところを増やしたいという気持ちがあります。主治医や、娘さんとも連携をとりながら、訪問介護や通所リハビリを利用して、1人での生活に自信を持てるように支援していきます。
生活援助中心型の算定理由	1　一人暮らし　　2　家族等が障害、疾病　　3　その他(　　　　　　)

下記の項目について、介護支援専門員より説明等を受けました ① 居宅サービス計画書(1)(2)について、説明を受け、同意しました。 ② 介護保険サービス等に対してのサービスの種類や内容の説明を受けました。 ③ 様々なサービス提供事業者から選択できる事の説明を受け、自分で事業者を選択しました。	説明・同意日	平成24年1月12日
	利用者署名・捺印	吉永いつか　㊞

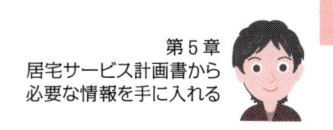

図5-2 居宅サービス計画書(2)

利用者名　吉永いつか　殿

生活全般の解決すべき課題(ニーズ)	目標				援助内容					
	長期目標	(期間)	短期目標	(期間)	サービス内容	*1	サービス種別	*2	頻度	期間
定期的に受診ができ、必要な薬を確実に飲めて、病気が再発せず、入院しない生活がしたい。	定期的に受診ができ、必要な薬を確実に飲めて、病気が再発せず、入院しない生活を送ることができる。	平成24年1月12日～平成24年10月31日	①定期的に受診ができる。②必要な薬を確実に飲める。	平成24年1月12日～平成24年6月30日	ⓐ通院のための乗降・移送介助 ⓑリモコンで鍵を解錠する。 ⓒ病気の管理・指導 ⓓ定期的な服薬管理・指導 ⓔ薬を飲む。 ⓕ食事・睡眠をとる。	○	介護タクシーⓐ 医療ⓒ 薬剤師ⓓ 本人ⓑⓔⓕ	豊タクシーⓐ 西京大病院 ききめ薬局	2回／月 2回／月 1回／週 適宜	平成24年1月12日～平成24年6月30日
他者の力を頼りにしながら、自分ができるところを維持向上し、在宅生活を継続したい。	他者に手伝ってもらい、生活リズムを整えたい。	平成24年1月12日～平成24年10月31日	①夜間の排せつ行為が維持できる。②日中の車いすでの活動が継続できる。	平成24年1月12日～平成24年6月30日	ⓐモーニングケア(Pトイレの掃除、片付け・車いす設置・移乗見守り・衣類交換・排せつ介助・整容) ⓑ朝食準備片付け ⓒイブニングケア(衣類交換・排せつ介助・車いす片付け・Pトイレ設置) ⓓ夕食準備片付け ⓔ安否確認(定期的に電話をかける)	○	訪問介護ⓐⓑⓒⓓ 本人ⓐⓑ ⓒ 娘ⓔ	ひらめき訪問介護	10回／週 適宜 日曜日	平成24年1月12日～平成24年6月30日
	他者に手伝ってもらい、洗濯、掃除、調理ができる。	平成24年1月12日～平成24年10月31日	①他者と一緒に洗濯物をたたんだり、掃除をしたり、簡単な調理ができる。②定期的に食事ができる。	平成24年1月12日～平成24年6月30日	ⓐ自立支援のための見守りの援助(掃除(寝室・リビング・台所)・洗濯物たたみ・簡単な調理) ⓑ配食サービス ⓒ配食を食べる。	○	訪問介護ⓐ 本人ⓐⓒ 配食サービスⓑ	ひらめき訪問介護 びぶる弁当	2回／週 適宜 2回／週	平成24年1月12日～平成24年6月30日
リハビリを継続し、自分のできるところを増やしたい。	リハビリを継続し、できることが維持向上できる。	平成24年1月12日～平成24年10月31日	①リハビリ計画に沿った訓練に参加できる。②他者との交流を通して、自分の役割を獲得できる。③定期的に入浴できる。	平成24年1月12日～平成24年6月30日	ⓐ送迎・移乗介助・移動介助・排せつ介助・入浴介助・衣類交換・食事の提供・余暇活動支援・リハビリの提供 ⓑ通所リハビリに行き他者と関わり、訓練に参加する。短歌づくりに挑戦する。	○	通所リハビリⓐ 本人ⓐⓑ	さんぺリハビリテーションセンター	4回／週	平成24年1月12日～平成24年6月30日

＊1「保険給付対象か否かの区分」について、保険給付対象内サービスについては○印を付す。
＊2「当該サービス提供を行う事業所」について記入する。

計画実践期間	平成24年1月12日～平成24年10月31日
計画更新予定月	平成24年11月

ⓑ「居宅サービス計画書(2)」には、利用者の課題、目標、必要なサービス内容等、具体的なサービス内容が記載されている

◆生活全般の解決すべき課題(ニーズ)

　利用者の自立を阻害する要因等を記載します。ケアマネは、国で求められている標準項目に沿って情報を収集し分析します。これをアセスメントと言います。この項目には、そのアセスメントの結果導かれた「生活全般の解決すべき課題(ニーズ)」を記載しています。

◆長期目標

　解決すべき課題に対して、「ゆくゆく」はどのような状態になりたいのか、ケアマネと利用者等が相談して設定されます。その課題によっては、複数の長期目標が設定される場合もあります。

◆短期目標

　解決すべき課題および長期目標に、段階的に対応し、解決に結びつけるための具体的な目標です。具体的な目標は、抽象的な言葉は避け、誰にでもわかりやすい言葉を選んで記載しています。また、短期目標は実際に解決可能と見込まれるものを記載しています。

◆期間

　「長期目標」の期間は、「生活全般の解決すべき課題」をいつまでに、どのレベルまで解決するのか、その期間を記載しています。「短期目標」の期間は、長期目標を達成するための段階として設定した短期目標の達成期限を記載しています。なお、期間については、ケアチームのメンバー間で十分に協議して設定することになっています。

◆サービス内容

　短期目標を達成するために必要であり、最適なサービス内容を適切および簡潔に記載しています。サービス内容には、利用者自身ができていることや、家族等による援助や地域にあるインフォーマルなサービスも明らかにしてあります。

◆サービス種別

　サービス内容を適切に実行することができる、居宅サービス事業所の種別

第5章
居宅サービス計画書から
必要な情報を手に入れる

を設定して記載しています。また、本人や家族等が担う部分は、「誰が」「何を」行うのかがわかるように具体的に記載しています。

◆サービス事業者

ケアマネは、利用者・家族等が選択できるように、自分が収集した社会資源の中から、サービス内容を担える、最もふさわしいサービス事業者を公平な立場から選定し、その情報提供を行います。そのうえで利用者等が選んだ事業所名が記載されています。

◆頻度

サービス内容にあげたサービスをどの程度の頻度（一定期間内での回数、実施曜日等）で実施するかが記載されています。

◆期間

この期間はサービス内容にあげたサービスをどの程度の「期間」にわたり実施するかの期間です。なお、「期間」の設定においては「認定の有効期間」も考慮します。

先輩サ責からのアドバイス②

「居宅サービス計画書(2)」の情報は、訪問介護を提供する根拠が述べられています。サ責として下記の点をチェックしなければなりません。

①提供されたサービス内容は、課題の解決に適したものであるか。
②提供されたサービス内容が1つにもかかわらず、課題が複数存在し、達成する目標が複数存在してはいないか。

特に、②について、サービス内容が1つなのに、解決すべき課題が複数あるとすれば、「居宅サービス計画書」の作成段階においても、ケアマネ自身が課題を絞り込めていない可能性があります。このような場合には、サ責が専門家として課題を絞り込み、長期目標や短期目標を設定し、「訪問介護計画(案)」として提案(提示)しましょう。

❸「週間サービス計画表」（居宅サービス計画書⑶）には利用者の１週間のスケジュールが記載されている

◆時間帯

　訪問介護の介護報酬は、深夜、早朝・夜間、午前・午後の時間帯によって違います。もし、割増料金がかかる時間帯にサービス提供がある場合には、ケアマネは費用についても説明して、同意を得ておきます。

◆週間プログラム

　介護保険制度を利用している、介護サービス名が記載されています。訪問介護は、訪問看護とは一緒の時間のサービス提供が可能ですが、他の福祉系サービスと一緒のサービス提供はできません。ケアマネは他のサービスと時間が重なっていないかを確認しておきます。

◆主な日常生活上の活動

　利用者の日常生活や、家族等のインフォーマルなサービスの関わりが記載されています。

◆週単位以外のサービス

　短期入所や福祉用具貸与、居宅療養管理指導（往診や薬剤師の訪問等）など、月単位や隔週で提供されるサービスが記載されています。

先輩サ責からのアドバイス③

　パソコンで使う居宅介護支援用のソフトの多くが、介護給付に対応していることもあり、「週間サービス計画表」には、給付管理に対応したサービスが自動的に入ってくるようです。そのためか、ケアマネによっては、週間サービス計画表の欄に、インフォーマルなサービスの記載がない、あるいは少ない場合があるようです。しかし、主な日常生活上の活動の欄が空白か、利用者がしていることのみの記載では、家族等の援助状況がつかめない場合もあるでしょう（例：起床介助・食事準備・夜間の排せつ介助あるいは土日等家族の具体的な関わり方など）。

　サ責は、在宅サービスを管理しているわけですから、事前訪問では、この週間サービス計画表の「主な日常生活上の活動」の欄を使って、家族等の支援状況を確認し、新たな情報を得たら、ケアマネに提案してもいいと思います。

● 図5-3 週間サービス計画表

		月	火	水	木	金	土	日	主な日常生活上の活動
	4:00								
深夜									
	6:00								娘よりモーニングコール
早朝		身1	身1	身2	身1	身2	身1		朝食 モーニングケア
	8:00								
午前	10:00							娘がくる	プランターの世話
	12:00			配食		配食			昼食
		通所リハビリ	通所リハビリ		通所リハビリ		通所リハビリ		トイレに行く
午後	14:00							買い物	読書・テレビ鑑賞
									コーヒータイム
	16:00								洗濯物たたみ
	18:00	身1	身1	身1	身1	身1	身1		夕食 イブニングケア
夜間	20:00								娘からイブニングコール
	22:00								寝る
深夜	0:00								
	2:00								
	4:00								

第3表　　　　　　　　　　　　　作成年月日　平成24年　1月　12日
利用者名　吉永いつか　殿　　　　　　　　　　24年　1月分より

週単位以外のサービス：月2回受診、介護タクシー。週1回服薬管理（居宅療養管理指導）。日曜日に長女が訪問（買い物にいく）。

第5章 居宅サービス計画書から必要な情報を手に入れる

❷ アセスメントを理解する

　ケアマネは、居宅サービス計画書を作成するために、利用者情報を収集し、利用者等の困りごとを明確にしていきます。これが「アセスメント」です。国はケアマネが、統一したアセスメントができるように、「課題分析標準項目」を定めました。

　ケアマネは、居宅サービス計画書を作成の際には、この項目に沿って利用者の情報を過不足なく収集し、分析を行います。このような過程の中から、利用者の課題（ニーズ）が抽出されてくるのです。

　この課題分析標準項目の特徴は、必要な情報が細分化されているところにあります。そのため、利用者の困りごとも、行為ごと抽出され、その結果、「ひとまとまりの行為」が重複してしまうことがあります。

　たとえば、排せつ（トイレ）という行為は、「尿意便意の有無・起居動作・移動・衣類の上げ下ろし・便器への移乗・手洗い（清潔動作）」という細分化した行為が含まれているのです。標準項目では、これらの細分化された行為の1つひとつが皆できないと、「課題」として抽出されてしまいます。そこで、ケアマネは細分化された課題を「1つの行為」として絞り込む作業を行っているのです（➡p.69 図5-4）。

　このチェックポイントシートは『四訂 居宅サービス計画書作成の手引 第2版』（財団法人長寿社会開発センター）より引用しています。ここではアセスメント結果をチェックするシートとして活用しました。

　訪問介護では、この課題分析標準項目に該当するものはありません。そこで、各事業所が、それぞれ作成したアセスメント様式を用いて、それぞれの仕方でアセスメントを行っています。だから、サ責が行うアセスメントは、ケアマネがまとめた行為を再度分解し、細分化することから始まるのです。

　たとえば、先ほどの排せつについて、ある課題が抽出された場合には、「トイレまでの安全確認→声かけ・説明→トイレへの移動（見守りを含む）→脱衣→排便・排尿→後始末→着衣→利用者の清潔介助→居室への移動→ヘルパー自身の清潔動作」（場合により）「失禁・失敗への対応（汚れた衣服の処理、

図5-4　チェックポイントシート

平成24年1月11日

課題分析標準項目	状態	原因
健康状態	平成12年　誤嚥性肺炎、平成15年　狭心症、平成21年　脳梗塞および後遺症としての右片麻痺。	
ADL	何かにつかまれば立てる。移動が車いす自走。外は介助が必要。着替え上着衣は1人でできるが立位不安定なために下着衣は介助が必要。夜間ポータブルトイレ自立。ポータブル処理と、車いすの設置ができない。左手指に力が入らないため細かな作業はできない。食事は介助用食器を使用すれば、左手でスプーンを使って、食べることができる。入浴はシャワー浴のみ。	脳梗塞後遺症の右片麻痺
IADL	掃除は、簡単な片付け、テーブルの上の拭き掃除はできる。洗濯ものは時間をかければ小物をたたむことができる。買い物は介助があれば自分で選ぶ事はできる。金銭感覚はある。財布よりお金の出し入れができる。	〃
認知	理解力に欠け、記憶が曖昧な時がある。判断が必要な事柄は娘に任せている。	脳梗塞後遺症
コミュニケーション能力	話している事は理解できるが、話し言葉として思うように出てこない。ゆっくりなら通じる。	〃
社会との関わり	現在は特にない。リハビリ訓練は楽しみにしている。塗り絵などをしている。	本人の性格
排尿・排便	尿意・便意はある。排せつに関する一連の行為はできる。排便時にうまく拭けない事がある。夜はPトイレを使用。ゆるめのパジャマを使用している。	脳梗塞後遺症
じょく瘡・皮膚の問題	問題なし。	
口腔衛生	義歯なし。右側の磨き残しがあるため口頭指示が必要。	右片麻痺
食事摂取	自助食器を使えば、1人でスプーンを使って食べる。	
問題行動	特になし。	
介護力	子供達はそれぞれ家庭を持ち、子育て中。長女は日曜日に訪問できるが長男はできない(米国在住)。	1人暮らし
住環境	公営住宅　1階　スロープがある。部屋も障がい者用にバリアフリー。	
特別な状況	身体障害者1級	

〈図 5-4　チェックポイントシート（つづき）〉

		明らかにするもの	
	問題（困りごと）	生活全般の解決すべき課題（ニーズ）	ニーズ番号（優先順位）
利用者	病気がこれ以上悪くなると困る。	定期的に受診することができ、必要な薬を確実に飲めて、病気が再発せず、入院しない生活がしたい。	1
家族	今まで入退院を繰り返してきた。元気でいてほしい。		
意見	定期的な受診、確実な服薬が必要。		
利用者	1人ではシャワーに入れない。	他者の力を頼りにしながらも、在宅生活を維持したい。着替え、車いすとポータブルトイレの入れ換えと後始末をする必要がある。	2
家族	1人での生活は不安である。他者の力を借りて生活してほしい。		
意見	夕方と朝に、ポータブルトイレと車いすの入れ換えが必要。		
利用者	調理・買い物・掃除・洗濯ができない。	今は調理や洗濯、買い物、掃除ができないので他者に手伝ってもらい、自分でも家事をできるようになりたい。	2
家族	長女：月に2回は来て掃除やシーツ交換などは行う。食の確保と定期的な家事を手伝ってほしい。		
意見	食の確保と生活支援が必要である。		
利用者	1人だと曜日がわからなくなるので困る。	郵便物のチェックや曜日の確認がしたい。	3
家族	郵便物のチェックは来たときに確認する。理解力に欠けるので1人で過ごさせることに不安がある。		
意見	定期的な安否確認が必要（長女に電話をかけてもらう）。		
利用者	自分の言いたいことがうまく出てこなくてなさけない。	言葉がうまく出てこないので、ゆっくりと聞いてほしい。	1・2・3
家族	ゆっくり聞けば理解できるが時間がかかる。		
意見	焦らせない対応が必要。		
利用者	今までもリハビリをしてきた。これからもしたいし、1人で家にいるのは困る。外に行きたい。	定期的に外出して、リハビリ訓練を受けたい。好きな短歌などができるといいな。	2
家族	なるべく、日中は起きていて好きな短歌でも詠んでほしい。リハビリなどが必要。		
意見			
利用者			
家族			
利用者	子供達はそれぞれの生活があるからなるべく頼りたくない。長女：日曜日は来るようにする。何かあったら相談にのる。	この家で1人で生活を続けたい。	1・2・3
家族			
意見	長女をキーパーソンとする必要がある。		
利用者			
家族			
意見			
利用者			
家族			
意見			

陰部・臀部の清潔介助、便器などの簡単な清掃を含む)」となります。
　これらの1つひとつの項目について、利用者等と関わりながら「していること・できること・できないこと」を明確にしていきます。そのうえで、ヘルパーが具体的に「どのような援助を行うのか」を決めていくのです。

❸ ICFの考え方を理解する

　「障害(障碍)」に対する、ものごとの見方、とらえ方、表現の仕方も時間とともに変化してきました。それは、WHO(世界保健機関)の総会で、国際障害分類(ICIDH：International Classification of Impairments, Disabilities and Handicaps)の改定版が承認されたことにもよるでしょう。その新しい考え方を国際生活機能分類(ICF：International Classification of Functioning, Disability and Health)と言います。ICFはアセスメント(情報収集・情報分析)をする時に必要となる知識ですので、ここで、少しだけ触れておきましょう。

◆国際障害分類(ICIDH)から国際生活機能分類(ICF)へ
　2001年5月22日にWHO(世界保健機関)の総会で、ICIDHの改定版が採択されました。日本では2001(平成13)年6月より厚生労働省において、日本語訳を開始、そして2002(平成14)年8月より厚生労働省のホームページ上にてICFの日本語訳である「国際生活機能分類－国際障害分類改定版－」を公表しています。そして、このICFの考え方は、2003(平成15)年頃より介護支援専門員の実務研修でも用いられるようになりました。
　一方、1987(昭和62)年に制定・施行された、「社会福祉士及び介護福祉士法」は2007(平成19)年に改正されています。同時に介護福祉士の養成にかかる制度も大きく見直され、新たな介護福祉士の養成カリキュラムが示されたのです。平成21年度より、この新カリキュラムに則って養成教育がスタートしています(ICFについては、新カリキュラムでは「介護の基本」と「介護過程」に導入)。

図5-5 ICFの構成要素間の相互作用

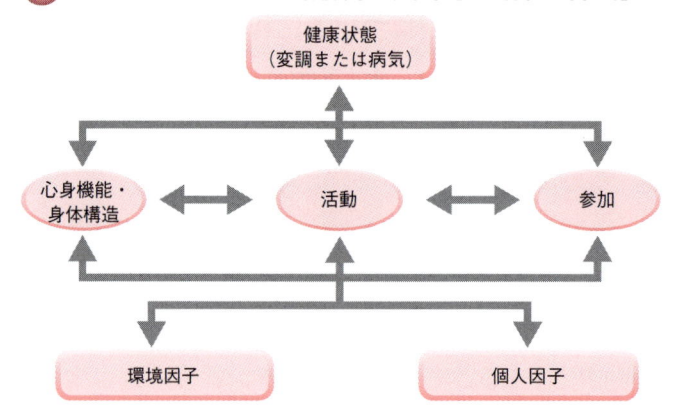

```
                    健康状態
                 （変調または病気）
                      ↑↓
          ┌───────────┼───────────┐
          ↓↑          ↓↑          ↓↑
      心身機能・  ←→   活動   ←→    参加
      身体構造
          ↑           ↑           ↑
          └───────┬───┴───┬───────┘
                  ↓       ↓
              環境因子   個人因子
```

出典：世界保健機関『ICF 国際生活機能分類──国際障害分類改定版』中央法規出版、p.17、2002

　サ責も、介護の専門家として仕事を行う以上、このような介護・福祉界の情報が不足しないよう、自己研鑽が必要なのです。

　ここでは、ICFの構成要素における相互作用を簡単に解説しましょう。「健康状態」とは、病気（疾病）、変調、傷害、ケガなどを指し、「心身機能・身体構造」とは、精神機能や、身体の機能および人間の体を構成しているすべての機能や構造を指しています。

　「活動」とは、ADL（日常生活活動）、すなわち食事・更衣・移動・排せつ・整容・入浴等、生活を営むうえで不可欠な基本的行動を含めた、課題や各行為の遂行の度合いを言います。

　「参加」とは、その人の生活や人生場面への関わりを言い、生活機能の社会的な観念やIADL（手段的日常生活活動）も含まれ、買い物や洗濯、電話、薬の管理、金銭管理、乗り物に乗る等、趣味活動も含めています。

　「環境因子」は、物的環境（住居等）・人的環境（家族や支援者の態度等）、自然環境（動植物・光・音等）、その他にはサービス（専門家の態度等）、制度・政策等を指し、「個人因子」は個人の人生や特別な背景で、生育歴、職業（職歴）、価値観等を指します。

※特に家事活動（掃除・調理・買い物・洗濯等）の支援では、「活動」と「参加」を考えるときに、利用者が、自分でしている（できる）ことは活動としてとらえます。ヘルパーと一緒ならばする（できる）ことは、その方の役割として考え、そのような活動は参加ととらえるとよいでしょう。

第6章

事前訪問って
どんな準備が必要なの?

> **サービス提供責任者への道（その７）**
> ❶ 事前訪問の重要性を認識する
> ❷ 事前訪問の心構えをもつ
> ❸ 必要物品の準備とチェックを忘れない

🔴 事前訪問って大事なんだ！

吉海さん：土屋さん！　例の吉永さん宅へ事前訪問に行くわよ。あなたその準備をしてくれる？

土屋さん：吉永さん？　あの永井さんから私が電話を受けた方ですね。でも、事前訪問？　それって何ですかぁ？

吉海さん：こらこら（笑）。まぁいいわ。サ責が、サービスの提供開始前に利用者さん宅へ行って、ウチの事業所について説明することよ。

土屋さん：えっ？　うちの事業所の説明って？　たしか、吉永さんは、永井さんからの紹介じゃなかったですか。永井さんが説明しているのでは？

吉海さん：そうね。永井さんが担当している方だけどね。でも……。

土屋さん：だったら、なんで……。

吉海さん：土屋さん、あのね。永井さんが働いているところの看板になんて書いてあるか読めるかな？

土屋さん：ああ、ひらめき居宅介護支援事業所と書いてありますけどぉ。

吉海さん：じゃあ、あなたが働いている所は？

土屋さん：ひらめき訪問介護事業所……うん、たしかに事業所の名前が違います。

吉海さん：あなた、今頃それに気づいたの？

土屋さん：だって、おんなじ系列ですもの。同じ会社だと思っちゃいますよ。

吉海さん：まぁそう思うのも無理はないわ。あなたが来るまで、そこにいた早矢仕さんも、ケアマネになってもまだ、サ責の気分が抜けなくて、こちらに勝手に入ってきてヘルパーとおしゃべりしているからね。やはり事業所が違うんだから、お互

第6章
事前訪問って
どんな準備が必要なの？

- い、ルールは守らないとね。
- そうですね。あちらは、ケアマネさんがいる所で、こちらはヘルパーがいる所ですものね。ところで、吉海さん。その事前訪問っていったい何をしに行くんですか。
- 土屋さんもそうだけど、利用者さんや家族さんもケアマネとヘルパーは同じだと思っているのよ。また、ケアマネの説明だけで、「ここでいい」と決めているのよね。もっとも、利用者さんは選択すること自体面倒なんだけど……。だから、私達は私達で、ウチのパンフレットや契約書、重要事項説明書を持って行って事業所の説明をしないといけないの。だってお客さんにその違いがわからないでしょう？　そのときに、できるサービスや、できないサービスについての説明をするの。それが「事前訪問」ってわけ。そのうえでウチを使ってくれるか、利用者さんの同意を得る必要があるのよ。
- なるほど！　事前訪問とは、自己紹介みたいなモンですか。でも、吉海さん、どうして着替えているんですか？
- これ？　初めてその利用者さんのお宅へご挨拶に伺うわけでしょう？　いきなり、仕事着のままじゃ、先様に失礼じゃないかなと思うわけ。だから、初回訪問時ぐらいはスーツを着て行けるように、ふだんからここに置いてあるのよ。あなたは、まだそのままでも構わないわよ。
- スーツですかい。おお……有りました、有るはずです。あれ？　ブレザーだったかな。ちょっと古いけど、有ります、有ります（笑）。今度持ってきます。
- そう、じゃそうしてくれる？　それから、先様と契約の合意ができれば、サービス内容に沿うために、アセスメントや、ケア手順・訪問介護計画書作成についても相談することになるから、一応、この前に教えた、そうそう、そこの机の引き出しに入っている「新規利用者用の帳票セット」を用意しておいてほしいの。そう、その「新規依頼用」って書いてあるやつ……。

❶ 事前訪問の重要性を認識する

　ケアマネからつながれたサービスは、まず対応できるヘルパーを選定し、確保します。利用者にサービス提供ができる状況が確認できたら、サ責は速やかに利用者宅を訪問する。これが「事前訪問」です。

　この事前訪問を行う法的根拠も、指定基準の第8条「内容及び手続の説明及び同意」に「利用申込者のサービスの選択に資すると認められる重要事項を記した文書を交付して説明を行い、当該提供の開始について利用申込者の同意を得なければならない」と明記されていることによります。

　つまり、事前訪問とは、利用者に対して「サービスの選択に資する行為」であり、これが介護保険制度の基本的な考え方になります。とはいえ、介護保険制度の中心を担う役割のはずのケアマネには、その重要性の認識がやや低いのではないかと思われるのが残念です。

> **サービス提供事業者はなぜ事前訪問をやらないことが多いのか？**
> ・指定基準では、サービス提供事業所にも、事前に利用者や家族にサービス内容について説明し、同意を得る義務があるのですが、そのことを理解していないことがあげられます。また、訪問介護事業所の管理者は関連資格を持っていなくてもできるため、その重要性がわからないのかもしれません。
> ・ケアマネの多くが、「第1回サービス担当者会議」で利用者にサービス提供者を紹介すればよい、またはそこが紹介する場であると考えていることもあり、サービス提供事業者もケアマネが言うんだから「そういうものなんだ」と考えているフシがあります。でも、それはケアマネ側の論理でしかありません。
> ・サ責自身（あるいは訪問介護事業所）も、事前訪問の重要性についての認識が薄い。これはたしかでしょうね。ケアマネ主催の「第1回サービス担当者会議」で自己紹介を行い、サービスを開始した後になって、利用者等とともにサービス内容を構築していけばよいと考えている人が多い。もちろん、これではだめです。

ケアマネの中にも、ケアマネ指定基準第12条「指定居宅介護支援の基本的取扱方針」に則り、居宅介護支援を展開している方もいます。また、サ責（訪問介護事業所）の中にも、事前訪問の重要性を鑑みて、ケアマネから、居宅サービス計画書原案の提示がなければサービスを請け負わないという信念をもつ訪問介護事業所もありますが、それは残念ながらレアケース。多くのサ責は、ケアマネに事前に「居宅サービス計画書をください」とはなかなか言えないのが実情ですね。

> **指定基準第8条　内容及び手続の説明及び同意**
> 　指定訪問介護事業者は、指定訪問介護の提供の開始に際し、あらかじめ、利用申込者又はその家族に対し、第29条に規定する運営規程の概要、訪問介護員等の勤務の体制その他の利用申込者のサービスの選択に資すると認められる重要事項を記した文書を交付して説明を行い、当該提供の開始について利用申込者の同意を得なければならない。

❷ 事前訪問の心構えをもつ

❶ 事前訪問の日程調整をしましょう

　利用申込用紙や、相談受付票を活用して、利用者および家族等と連絡をとり、事前訪問日と時間を決めます。電話をかける場合は、まず自己紹介を簡潔に行い、利用者等が自社サービスについての知識・情報を持っているかを確認します。事前訪問の意義（➡ p.195　指定基準第23条「指定訪問介護の具体的取扱方針」第2号）について説明し、理解と同意を得てから、訪問する日時を決めます。利用者等と話し合っても、事前訪問日の必要性を理解していただけなかった場合にはケアマネに相談しましょう。

❷ 訪問時間は、家族等の希望に沿うための工夫をしましょう

　訪問時間は、できるだけ依頼者・家族等の都合に合わせるように配慮し、

調整します。事前訪問の際は、訪問介護事業所のパンフレット、指定基準第29条「運営規程」(→p.198)等が記載されている契約書、および重要事項説明書等を使用して事業所についての説明を行います。訪問介護サービスの利用にあたっては、当該事業所を選択することの意思を確認しますが、この時に指定基準第33条「秘密保持等」(→p.201)は遵守、つまり守秘義務は守りましょう。

　契約書等の説明が可能な(ご理解いただけた)場合は、ていねいに説明します。そのうえで契約等が可能であれば結び、遅くとも、サービス担当者会議の当日の契約締結をめざしましょう。

❸ 必要物品の準備とチェックを忘れない

　事前訪問の問い合わせ時には、利用者宅へ訪問するときの手順内容を確認します。この情報は、利用者宅へ着いてから、あわてず業務を行うために必要な情報です。また、ゆくゆくはヘルパーのケア手順に移行されていきます。
　一方、訪問介護事業所では「基本セット」としてあらかじめ事業所のパンフレット(訪問介護サービスについてわかる冊子等)・契約書・重要事項説明書・個人情報保護規定書などを準備しておきます。事前訪問時には、上記に、訪問介護計画書作成に必要な物品4点を併せて持参します。利用者等には、事前訪問チェックシートを用いて、これからすることを説明し、終了の時点では、シートに沿って□に✓(チェック)を入れて利用者に説明もれのないことを確認しましょう。

表6-1 事前訪問チェックシート

①利用者宅へ訪問する時の手順（日程を調整した時に確認すべき項目）
☐車や自転車等の駐車場所の有無を確認する。 ☐入室経路とその方法を確認する。 ☐入室マナーの共有。チャイムを押して挨拶をする時のルール（事業所名を告げて良いか、いけないか。ドアはどうやって開けるのか、開けていただけるのか）の希望等を確認する。
②「事前訪問セット」の内容
☐介護支援専門員からの利用申込書 ☐事業所のパンフレット ☐契約書、重要事項説明書、個人情報保護規定書 ☐居宅サービス計画書原案、利用者台帳（基本情報）、アセスメント表、ケア手順書、訪問介護計画書、サービス提供責任者ノート（経過記録）
③事前訪問時に行うこと
☐自社・自事業所（訪問介護事業所）の理念について説明し、同意を得る。 ☐自社・自事業所（訪問介護事業所）が提供できるサービスと、できないサービスについて説明する。 ☐「介護保険制度」で決められているサービス区分や、身体介護・生活援助について説明する。 ＊これはケアマネや、利用者等から相談を受けた窓口がきちんと介護保険制度についての説明ができているかも問題になってきます。介護保険の説明を一からできるようにしておきましょう。 ☐以上について説明したのち、（本書では）「ひらめき訪問介護事業所」を利用することの同意を得る。
④同意を得てから説明すべき、契約内容および重要事項の内容
☐「ひらめき訪問介護事業所」の事業目的および運営方針を説明する。 ☐従業者の職種、人数およびそれぞれの職務の内容等について説明する。 ☐営業日および営業時間について説明する。 ☐訪問介護の内容および利用料、その他の費用額等を説明する。 ☐通常の事業の実施地域を説明する。 ☐緊急時における対応方法を説明し、その際の連絡先を確認する。 ☐その他の運営に関する重要事項を説明する。 ☐苦情の際の窓口や、取扱いについて説明する。 ☐個人情報の取扱いと、その守秘義務について説明する。 ☐以上についての同意を得て、署名・捺印をいただく。 ☐訪問介護計画の作成手順について説明し同意を得る。

図6-1　利用者台帳（基本情報）

氏　　名：吉永いつか　様
住　　所：S県M市H町●－●－●　公営住宅3号棟102号室
生年月日：昭和17年12月3日生まれ、70歳。
生活歴
　S県に生まれる。父は農業、母は家事をしながら、嫁いできたお嫁さんたちを中心に定期的に料理教室を開いていた。高校卒業後▽○会社へ就職、事務員として働く。19歳で結婚。男の子と女の子の2人の子に恵まれる。結婚と同時に仕事を辞め、育児や家事に専念する。しかし、夫が40歳で他界。その後1人で、レストランなどで働き子ども達を育てる。
　2人の子どもは、それぞれ結婚し、独立。現在は1人暮らし。
家族構成
　妹は実家の近所に住んでいるが、ほとんど交流がない。
　長男は米国で仕事をしている。毎年正月には帰国。
　長女は、同じ市内には住んでいるが、仕事に就いている。
　現在は、介護休暇を利用して介護にあたっているが、
　そろそろ仕事に復帰をしたいと考えている。

病　　歴：平成12年　誤嚥性肺炎
　　　　　平成15年　狭心症
　　　　　平成23年　脳梗塞、右片麻痺などの後遺症あり。

主治医：平成12年　いわみ総合病院内科（▽○医師）
　　　　平成15年　西京大学病院総合内科（□○医師）　胸痛にて受診し、狭心症と診断され、通院治療開始。
　　　　平成23年　西京大学病院総合内科（□○医師）へ胸痛悪化のため、緊急入院。
　　　　平成24年　急性期を終え、さんベリハビリテーション病院へ転院（×□医師）。
　　　　今後の予定　西京大学病院総合内科へ自宅から通院予定。

日常生活自立度：B1（注1）
認知症高齢者の日常生活自立度：Ⅰ（注2）
認定状況：要介護4（平成23年11月15日～平成24年10月31日）
経　　過：
　8月20日に、出勤途中に倒れ病院へ入院。脳梗塞の後遺症で右片麻痺となる。11月15日には、急性期病院から回復期病院へ転院。リハビリを受け1月10日に退院。この間、長女が医療相談室に相談し、介護保険利用を申請。一方、今までの家は3階だったので、長女が公営住宅の1階にある障がい者用住宅を申し込み、抽選で当たり、借りることができ、荷物を移動した。

注1）屋内での生活は何らかの介助を要し、日中もベッド上での生活が主体であるが、座位を保ち、車いすに移乗する。食事・排せつはベッドから離れて行う。
注2）何らかの認知症を有するが、日常生活は家庭内および社会的にほぼ自立している。在宅生活が基本であり、1人暮らしも可能である。相談、指導等を実施することにより、症状の改善や進行の阻止を図る。

第7章

サービス内容の確定と ケア手順の道筋をつける ①

> **サービス提供責任者への道（その８）**
> ❶ サービス内容を細分化する
> ❷ 利用者の現状と要望を把握する
> ❸ ケア手順を導き出す

● 事前訪問に同行する

　ある日、吉永さん宅のキッチン・テーブルには、ご本人、娘さん、そして、土屋さん、吉海さんの４人が席に座って、「事前訪問」の話し合いが行われていました。

吉海さん：……となります。これが当事業所の事業内容、そしてサービス内容、契約書等についての説明です。ここまでで何かご質問はございませんか？　なければ、これから吉永さんにご希望の援助内容を伺って、吉永さんのための「訪問介護計画書」を作っていきます。吉永さん、娘さん、よろしいでしょうか？

吉永さん：ううん……。ええと、そうね。
（娘のほうを見る）

娘さん：それは、つまり、今日最初に吉海さんが言っていらしたこと……ですね？

はい。来週からウチのヘルパーがこちらに伺います。そのサービスにもれや無駄がないように、具体的にサービスをどのように提供すればよいか、その手順を皆さんと一緒に考えておきたいのです。よろしいでしょうか？

ふう、手順ですか？　私達はどうすればよいのでしょうね？

はい。まずはヘルパーがこちらへ伺う時からお願いします。ウチのヘルパーはおおむね車での移動です。ヘルパーの車の止め場所です。本日、私達が車を止めてきた駐車場を使うことは今後も可能か、わかりますでしょうか。

うううん。どうでしょう？　あそこのスペースは誰が止めてもよい所だったと思いますが……よくわかりません。

はい、ではこちらから、管理事務所に問い合わせますがよろしいでしょうか？
はい、こちらで確認させていただきます。次に、入り口の開閉はどういたしましょうか？

母は、私が入る時もリモコンで開け閉めしているので、インターホンが鳴れば母が応答し、「ひらめき」さんと確認できましたら、母が開け、帰りも閉める、

👩 でよろしいでしょうか？　母さんもそれでいい？

👵 はい、はい。

👩 はい、それで結構です。

👩 帰りは「きちんと閉められているか」の確認もお願いします。

👩 はい、施錠できているかを確認してから帰るよう、申し送ります。次は、いよいよサービス内容について具体的に詰めていきます。先ほどお話ししました「サービス内容導き表（アセスメント表）」と「訪問介護計画書」です。

　　吉海さんは、テーブルの上に、再度持参した帳票を広げました。

👩 母が退院して3日経ちます。でも、何をどうしてよいやら……。

👩 そうでしょう、そうでしょう。でも、大丈夫ですよ。私たちが具体的に確認しながら進めさせていただきますから。そして、娘さん、お母様が今の段階で「していること」、娘さんが「していること」を話していただけますでしょうか？現在、夜はポータブルトイレをご使用と伺っていますが？

👩 はい、病院でもポータブルトイレでしたから。だから使い方はわかるのですが、そのう、掃除をするのが……ちょっと大変で（笑）。あとは、ポータブルトイレと車いすを入れ替えるのはちょっと……。

👩 そうですね。ケアマネの「居宅サービス計画書」にも、サービス内容にそのように組まれていましたから大丈夫ですよ。あと、もしポータブルトイレのお掃除の仕方、たとえば、中をどこで洗って、その水をどこに捨てるのか等の細かい指示をいただければと思います。こちらでは当たり前のようなことでも、イチから教えていただけますか？

　　この間、土屋さんは、吉海さんと吉永さん親子のやりとりを細かくメモしていました。

❶ サービス内容を細分化する

　「居宅サービス計画書」がどのような過程をもって作成されていくのかは、第5章で説明しました。ここでは「居宅サービス計画書(2)」で、ケアマネから提供されたサービス内容に沿って、具体的な援助方法を導き出していく考え方について解説しましょう。

　「居宅サービス計画書(2)」にある課題は、ケアマネが、アセスメントの結果から明らかにした「生活機能における複数の課題」を絞り込み、ひとまとまりの情報として記したものです。そこから目標が設定され、サービス内容には、その目標を達成するために必要なサービス行為を選択し、記載されているのです。

　サ責は、「訪問介護計画書」の作成にあたっては、提供されたサービス行為の情報を、いったん「細分化」します。そして、そのサービス行為の中で、利用者・家族等の「していること(活動)」「できること(活動)」「できないこと(活動)」を明らかにするのです。そのうえで、それらの事柄について、利用者・家族等が「どのようにしたいのか(意向)」を確認する必要があります。これが「サ責のアセスメント」となるわけです。

　なお、サービス行為には、一連の流れが存在しています。この一連の流れについては、2000(平成12)年に厚生省(当時)が、「訪問介護におけるサービス行為ごとの区分等について」(平成12年3月17日老計第10号)として"サービス行為の一連の流れ"を例示していますので、ぜひ参照して下さい。ヘルパーやサ責でも目を通したことがない方々がいまだに存在しています。これでは介護職全体の"プロ意識"を疑われてもしかたがありませんね。

❷ 利用者の現状と要望を把握する

　アセスメントの段階で、現状を確認しながら、同時に、利用者(または家族)が1つひとつの行為を「どのようにしているのか」「どのようにできるの

か」、また「できないのはなぜか」、さらにその行為は自分がしていた時(あるいは家族が援助している時)には、具体的にどのようにしていた(している)のかを明確にし、今後は「どのようにしたいか」を相談や助言等を行いながら導き出していきます。そして、それぞれの課題と目標を立てていきましょう。

❸ ケア手順を導き出す

利用者の現状を把握しながら、ヘルパーが行う援助を具体的に組み立てていきましょう。

◆「居宅サービス計画書(2)」に記載されているサービス内容
サービス①
a．モーニングケア(ポータブルトイレの掃除、片付け・車いす設置・移乗見守り・衣類交換・排せつ介助・整容)。
b．朝食の準備と片付け。
サービス②
c．夕食の準備と片付け。
d．イブニングケア(衣類交換・排せつ介助・車いす片付け・ポータブルトイレ設置)。

ここでは、「居宅サービス計画書」の訪問介護のサービス内容について具体的な援助内容の組み立て方を案内しました。さらに、ビジュアル的にも見やすいようにまとめてみました(➡p.86〜89 図7−1、図7−2)。

図7-1 居宅サービス計画書(2)

利用者名　吉永いつか　殿

生活全般の解決すべき課題(ニーズ)	目標			
	長期目標	期　間	短期目標	期　間
定期的に受診ができ、必要な薬を確実に飲めて、病気が再発せず、入院しない生活がしたい。	定期的に受診ができ、必要な薬を確実に飲めて、病気が再発せず、入院しない生活を送ることができる。	平成24年1月12日 〜 平成24年10月31日	①定期的に受診ができる。 ②必要な薬を確実に飲める。	平成24年1月12日 〜 平成24年6月30日
他者の力を頼りにしながら、自分ができるところを維持向上し、在宅生活を継続したい。	他者に手伝ってもらい、生活リズムを整えたい。	平成24年1月12日 〜 平成24年10月31日	①夜間の排せつ行為が維持できる。 ②日中の車いすでの活動が継続できる。	平成24年1月12日 〜 平成24年6月30日
	他者に手伝ってもらい、洗濯、掃除、調理ができる。	平成24年1月12日 〜 平成24年10月31日	①他者と一緒に洗濯物をたたんだり、掃除をしたり、簡単な調理ができる。 ②定期的に食事ができる。	平成24年1月12日 〜 平成24年6月30日
リハビリを継続し、自分のできるところを増やしたい。	リハビリを継続し、できることが維持向上できる。	平成24年1月12日 〜 平成24年10月31日	①リハビリ計画に沿った訓練に参加できる。 ②他者との交流を通して、自分の役割を獲得できる。 ③定期的に入浴できる。	平成24年1月12日 〜 平成24年6月30日

＊1 「保険給付対象か否かの区分」について、保険給付対象内サービスについては○印を付す。
＊2 「当該サービス提供を行う事業所」について記入する。

(p.63 図5-2と同じものです。)

第7章 サービス内容の確定とケア手順の道筋をつける①

援助内容					
サービス内容	*1	サービス種別	*2	頻度	期間
ⓐ通院のための乗降・移送介助 ⓑリモコンで鍵を解除する。 ⓒ病気の管理・指導 ⓓ定期的な服薬管理・指導 ⓔ薬を飲む。 ⓕ食事・睡眠をとる。	○	介護タクシー　ⓐ 医療　　　　　ⓒ 薬剤師　　　　ⓓ 本人　　　ⓑⓔⓕ	豊タクシー 西京大病院 ききめ薬局	2回／月 2回／月 1回／週 適宜	平成24年1月12日 〜 平成24年6月30日
ⓐモーニングケア（Pトイレの掃除、片付け・車いす設置・移乗見守り・衣類交換・排せつ介助・整容） ⓑ朝食準備片付け ⓒイブニングケア（衣類交換・排せつ介助・車いす片付け・Pトイレ設置） ⓓ夕食準備片付け ⓔ安否確認（定期的に電話をかける）	○	訪問介護ⓐⓑⓒⓓ 本人　　　ⓐⓑⓒ 娘　　　　　ⓔ	ひらめき訪問介護	10回／週 適宜 日曜日	平成24年1月12日 〜 平成24年6月30日
ⓐ自立支援のための見守り的援助（掃除〈寝室・リビング・台所〉洗濯物たたみ・簡単な調理） ⓑ配食サービス ⓒ配食を食べる。	○	訪問介護　　　ⓐ 本人　　　　ⓐⓒ 配食サービス　ⓑ	ひらめき訪問介護 ぴぶる弁当	2回／週 適宜 2回／週	平成24年1月12日 〜 平成24年6月30日
ⓐ送迎・移乗介助・移動介助・排せつ介助・入浴介助・衣類交換・食事の提供・余暇活動支援・リハビリの提供 ⓑ通所リハビリに行き他者と関わり、訓練に参加する。短歌づくりに挑戦する。	○	通所リハビリ　ⓐ 本人　　　　ⓐⓑ	さんべリハビリテーションセンター	4回／週	平成24年1月12日 〜 平成24年6月30日

計画実践期間	平成24年1月12日〜平成24年10月31日
計画更新予定月	平成24年11月

087

図7-2　サービス内容に関するそれぞれの行為の検証

サービス内容の手順について、具体的に質問をし、援助方法を導いていく。
ここでは、見やすいように、
　　　　■＝本人のできないこと。　▽＝本人のできること。
　　　　▲＝本人の要望。　　　　　□＝ヘルパーのすること。
　　　　◇＝娘がすること。
というようにマークを用いて記載しておきましょう。

1 サービス内容：ポータブルトイレの掃除と片付け
　■ポータブルトイレの掃除と片付けができない。
　▲朝はポータブルトイレの掃除と片付けを頼みたい。
　□ポータブルトイレのふたを開けて、中のバケツを取り出す。
　□そのバケツを持ち、汚物をトイレへ流す。
　□バケツにトイレ掃除用洗浄剤を少量入れる。
　□浴室のノズルをシャワーに変更して、バケツに水を入れながら汚れを落とす。
　□バケツ内にたまった水は、トイレに流す。もし、汚れがひどい時は、トイレ掃除用ブラシ（トイレ内にあり）を使用し、汚れを落とす。
　□トイレ用ブラシを使った後は、トイレ内の水ですすぎ、元へ戻す。
　□バケツ周りが汚れていないかを確認して、元の場所に戻す。
　□バケツが汚れている時は、トイレ内のバケツに風呂場で水を汲み、青いタオルをもみだし、バケツ周りの汚れを拭き取り、元の場所へ戻す。
　□使用した青いタオルはトイレ用のバケツですすぎ、バケツの水はトイレ内に流す。青いタオルはバケツの縁へ広げてかけておく。
　□ポータブルトイレをベッド右サイドの足もとへ移動させる（指定の位置あり、要申し送り）。
　□手洗いをする。

2 サービス内容：車いすの設置・移乗の見守り介助
　■車いすを近くに持ってくることができない。
　■車いすの安全を点検できない。
　■車いすを自分で乗りやすい位置に置くことができない。
　▽1人で起き上がり、ベッドサイドに座ることができる。ヘルパーがトイレの処理をしている間にベッドサイドに座る。
　▽靴を自分で履くことができる。
　▽車いすが所定の位置に置かれていれば、自分で乗り移ることができる。
　▽左足で、右足のフットサポートを下げ、左手で右足を持ち上げ、右足をフットサポートに乗せることができる。
　▲本人は靴を正しく履けているかがわかりにくいので見守ってほしい。
　▲乗るたびに車いすにうまく乗り移れるかが心配。
　□手洗い終了後、ベッドサイドに車いすを運ぶ。
　□本人が見ているところで、車いすの点検を行う。ブレーキの効き具合、タイヤの空気の入り具合など、不具合がないかを確認する。
　□靴を正しく履くことができているかどうかを確認する。
　□車いすを本人の左手が届く位置に配置する。
　□車いすへの移乗時には転ぶことがないように右側について見守り、必要時に援助する。

3 サービス内容：衣類交換──上着衣
　■衣類をタンスから取り出すことができない。
　▽車いすを自走し、タンスの前まで移動することができる。
　▽パジャマを脱ぎ、上着衣を着ることができる。
　▲その日の天候に合わせた衣類が着たい。衣類の選択を相談したい。
　▲上着衣は下着衣（ランニング）、上着衣（ブラウスかTシャツ、カーディガン）などを着たい。
　▲うまく着ることができるか見守ってほしい。うまくできない時には手伝ってほしい。

第7章
サービス内容の確定と
ケア手順の道筋をつける①

　　□タンスまで付き添い、その日の天候に合わせた衣類が選択できるように相談する。
　　□本人が着る洋服を選ぶことができるように、タンスから複数の洋服を出して見ていただく。
　　□上着衣の交換を見守り、うまくできない時には手伝う。
　4️⃣サービス内容：排せつ介助と下着衣交換
　　■自分でトイレのドアを開けにくい。
　　■下着衣を1人で交換することができない。
　　▽上着衣の交換がすんだら、トイレまで車いすで移動する。
　　▽車いすで便座前まで行き、ブレーキをかける。
　　▽トイレのドアを開け、排せつ後に声かけをお願いする。
　　▽トイレの手すりにつかまり立ちをして、身体の向きを変える。
　　▽左手で手すりを使って、体重を左側にかけ、自分でズボンを下げる。
　　▽排せつを自力ですることができ、後始末をすることができる。
　　▽排せつがすんだことを伝えられる。
　　▽手すりにつかまり、自力で立つことができる。手が下着衣に届けば上に持ち上げることができる。
　　▽車いすを所定の位置に置けば、自力で向きを変えて車いすへ移乗ができる。
　　▲下着衣はトイレで交換したい。
　　▲トイレ内で倒れるのではないかと心配なので近くで見守ってほしい。
　　▲身支度がうまくできるように援助してほしい。
　　□上着衣の交換がすんだら、車いすでトイレまで自走するので、トイレに行きドアを開ける。
　　□便座への移乗動作はできるので、そばに付き添い、一連の行為がうまくでき、転ぶことがないように注意を
　　　促しながら見守る。
　　□便座にうまく座っていることを確認し、羞恥心の配慮のため、下半身にタオルをかける。
　　□本人の前に置いた車いすの位置がその状態で良いかを確認し、その場を離れる。
　　□先ほど本人と選んだズボンとリハビリパンツを持ち、トイレ前で待機する。
　　□本人の合図でトイレの中に入る。排便の時には、拭き残しがないかを確認する。
　　　汚れている場合には、汚れている箇所を、温水洗浄便座などを使って、洗い流す。
　　□本人に下着衣の交換について説明し、同意を得る。
　　□便座に座る本人の前に入れるように、車いすを自分の後方へ下げる。
　　□足もとにしゃがみ、下着衣を足から外す。外した下着衣は、車いすの座面へたたんで置く。
　　□リハビリパンツの交換については、本人の意向を伺う。汚れて取り替えたリハビリパンツは汚れ物用のバケ
　　　ツに入れておく。
　　□リハビリパンツを足元から膝上のあたりまで繰り上げ、同様にズボンも繰り上げる。
　　□本人の立ち上がり動作を見守り、立位の安定を確認し、下着衣を引き上げ、本人の手が届くところまで持っ
　　　てくる。そこからは自分で上げるように促す。
　　□身支度を整え、車いすを本人の前に移動し、転倒しないように移乗を見守る。
　5️⃣サービス内容：整容
　　■1人で手を十分に洗うことができない。
　　■1人で歯磨き粉を歯ブラシに適量出すことができない。
　　■トイレのドアを自分で閉めることができない。
　　▽水道の蛇口のレバーを操作し、水を出して、本人が左手を洗う。
　　▽歯ブラシに歯磨き粉を出せば、自分で磨くことができる。
　　▽左手にコップを持ち、口をゆすぐことができる。
　　▽左手で、顔を洗うことができる。
　　▽洗面後は、車いすでリビングへ移動する。
　　▲洗面中に、うまく洗うことができるかどうか、近くで見守ってほしい。
　　□石鹸を使って右手と左手の甲を洗う。
　　□練り歯磨きを歯ブラシに適量絞り出し、本人に渡す。
　　□洗面中はそばに寄り添い、必要な援助を行う。
　　□トイレの中の後始末の状態を確認する。手洗いをすませた後、ドアを閉める。

第8章

サービス内容の確定と
ケア手順の道筋をつける
②

> **サービス提供責任者への道（その9）**
> ❶ 自立支援のための見守り的援助を理解する
> ❷ 電化製品を有効活用する
> ❸ 間取り図を作成し、頭に入れておく

● 介護保険制度は難しい

吉海さん：ここまでがそこに記載されている「朝のモーニングケア」と「夕方のイブニングケア」の説明ですが、私達の援助の仕方や考え方、ヘルパーの関わり方についてご理解いただけましたか？　何かご質問はございませんか？

吉永さん：うーん、少し……。

娘さん：そうですね〜。家政婦さんとヘルパーさんがずいぶん違うのはわかりましたし、ヘルパーさんを頼むのって、結構大変なんだなぁということも（笑）。

土屋さん：はぁ、どこらへん……でしょうか？

娘さん：だって、こんなに細かくヘルパーさんにやり方や、希望を教えないとやってもらえないんじゃ、大変ですよ（笑）。

土屋さん：はい、娘さんのおっしゃる通りです。今までご自分やご家族さんでやっていたことを他人にこと細かく説明するのは大変です。それは介護保険がただサービスを行えば良いというものではないからです。あくまで、"自立支援"が目標ですから、最初に今まで何ができて、そして今、何ができなくなったのか。それらをよく確認しておかないと、ヘルパーが訪問時にこれらの内容を伺いながら、現場で判断しながらやったら、伺うだけで援助の時間が終わってしまいかねません。それじゃ良い援助以前の問題ですよね（笑）。

娘さん：ふう。それはそうですけど。ただ、私と母からすれば、「ポータブルトイレの掃除」と「車いすとポータブルトイレの位置を交換」していただきたいだけなんですよ（笑）。この２つをお願いするために、今まで私がしていたいろいろなことも、ヘルパーさんにお願いしなければいけないことが出てくるなんて。

吉海さん：私達も、娘さんが今までなさってきたことの大変さがわかりました。さぞやご苦労されてきたと思います。私たちも娘さんのなさってきたことに近づけるよう、一同で頑張りたいと身が引き締まる思いです。さて、あとはこの水曜日と金曜日にご依頼の「掃除、洗濯、調理」についてです。その前に、吉永さん、お疲れではありませんか？

第8章
サービス内容の確定と
ケア手順の道筋をつける②

👵 うん、まぁ……大丈夫。

👩 大丈夫ですよ（笑）。ではそれについて、どのように答えればいいんですか？

👩 はい。これまでと同じようにお願いします。もしかしたら、調理に関しては、実際の器具や、あれば食材そのものを見せていただければと思います。

👩 はい、わかりました。構いませんよ。

👩 この週間プランでは、水曜日と金曜日に「掃除や洗濯・調理などの援助」がご希望となっています。

👩 はい。母は病院で、車いすに乗ってモップをかける練習をしていました。その影響か、帰ってきたら、私が掃除機をかけた後にモップをかけたりしているんですよ。

👩 そうですか。きっと、入院中に作業療法士さんと訓練されたのでしょうね。ただ、正直言って、「モーニングケア」後の30分の援助では、掃除した後に洗濯を、同じ日に行うのは難しいです。だから、掃除は水曜日、洗濯は金曜日と決めていただいて、「掃除と調理」「洗濯と調理」の組み合わせで、援助内容をセットにすれば、時間内でもいろいろとできるとは思いますが、その点はいかがでしょうか？

👩 そうですかぁ。難しいですか。母さん、これからは掃除、毎日はできないらしいよ。でも、……仕方ないよね？

👵 うん、うん。仕方ない。

👩 すみません、ご理解ありがとうございます。それから掃除の範囲ですが、娘さんが考えていらっしゃるのは、このフロアとトイレ、浴室の掃除でよろしいでしょうか？

👩 現在、私が母のシャワーを手伝っていますが、これからは通所リハビリで入浴という話でしたね？　ならば、浴室とトイレの掃除は、私が日曜日にやっておきます。「ひらめき」さんには、フロアの掃除をお願いできればな、と考えます。

👩 わかりました。次に、現在のお掃除の手順を伺わせていただけますか？

👩 はい、掃除機はそこの……。

093

❶ 自立支援のための見守り的援助を理解する

　「アセスメント表」（→p.96～97 図8-2）の「豊かさ（参加）」の項目は、掃除や洗濯、買い物など、通常は家事と呼ばれている部分です。しかし、吉永さんは、自分でできる部分は自分でしていますし、本人の思いとしては自分でできるところは続けたいとも考えています。

　このように、本人がしていることを「本人がしているように援助する行為」は、「生活援助」ではなく「身体介護」のカテゴリーです。ケアマネの中には、掃除・洗濯・買い物・調理はすべて「生活援助」ととらえる方がまだまだいるようです。そこで、サ責は、ケアマネからのサービス提供内容が「生活援助」というカテゴリーであったとしても、事前訪問時には訪問介護の立場で見て、利用者・家族等の「していること（活動）」「できること（活動）」「できないこと（活動）」を明らかにし、それらについて本人・家族等が「どのようにしたいのか」（意向）を確認しなければいけません。

　そのうえで、今回のように、自分のできることは自分で行い、できない部分をヘルパーが援助するというのは、身体介護「1-6　自立生活支援のための見守り的援助」（平成12年3月17日老計第10号）というカテゴリーのサービス項目での援助が適切となります。事前訪問時に、本人の生活機能を見極め、サービス内容に"ミスマッチ"があれば、利用者負担が増えるだけです（介護報酬が高くなる）。必要であれば十分に説明し、ケアマネに"サービス区分の変更"の必要性を報告し、サービス提供内容の変更を依頼しましょう。

❷ 電化製品を有効活用する

　自立生活支援のための見守り的援助（身体介護）にしても、掃除・洗濯・調理などの生活援助にしても、家事を支援するためには、利用者宅にある電化製品を使用することになります。

　サ責は、事前訪問時に、それらの電化製品はヘルパーだけではなく、自ら

も正しく使えるように、その使い方を確認しておきましょう。たとえば、掃除機のごみの取り出し方、処分の方法、場所、新しい紙パックの装着方法。また、洗濯機の取扱い（使い終わったら電源を抜く、水道の蛇口を閉める等）。調理の時に使用していい道具とその置き場所、使用していい食器等についても、よく確認しておきます。

❸ 間取り図を作成し、頭に入れておく

　利用者の生活を支援するためには、「身体介護」「生活援助」でも、その方の生活範囲を知らなければなりません。そのために、サ責は、利用者等とサービスの内容を構築しながら、間取り図を作成します。

　他の家族がいる利用者宅に行く時、注意することは、入ってほしくない部屋や場所、使用できる水場、できない水場等の有無を確認しておきましょう。また、感染予防についても説明し、訪問時に行う手洗いや、うがいの場所も確認しておくとよいでしょう。吉海さんは、援助内容を尋ねながら、このタイミングで間取り図を作成していきました。

● 図 8-1　吉永さん宅の間取り図

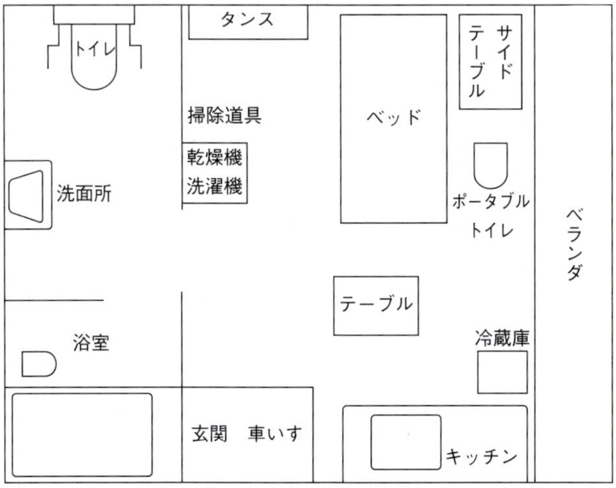

図8-2 アセスメント表

健康状態(心身機能・身体構造／健康状況)	
要介護認定／障害程度等級	
認定状況	要介護4（平成23年11月15日〜平成24年10月31日）障害者手帳申請中
認知症高齢者の日常生活自立度	Ⅰ
日常生活自立度	B1
現在の主な疾患	便秘
服薬	酸化マグネシウム　3回／1日　頓服(ピコスルファートナトリウム液)
既往歴	誤嚥性肺炎、狭心症、脳梗塞、右片麻痺(軽度失語症あり)

日常生活の状況(活動)

項目	現在の状況	本人の思い
家事	・掃除は、車いすを自走し、モップ(化学ぞうきん)をかけられる。 ・洗濯は乾燥機付き洗濯機を使用している。 ・タオルや下着は広げてもらえばたたむ。 ・買い物は、1人では行けない。 ・調理は、簡単な下ごしらえをしている。 ・味見をするくらいはできる。	・ぞうきんをもみだしたりができない。 ・自分でできるところは自分でしたい。 ・乾燥機付き洗濯機から取り出したい。 ・衣類を取り出しやすく収納したい。 ・娘に手伝ってもらって買い物に行きたい。 ・誰かに手伝ってもらい、調理を継続して、できるところを増やしたい。
移動	・室内車いすで移動自立。リハビリ継続中。 ・起居動作は自立。1人で起き上がり端座位がとれる。移乗動作は自立。 ・外出は車いす介助が必要。	・歩行器や、杖を使用して歩けるようになりたい。 ・朝、ポータブルトイレを片付け、車いすを、ベッドサイドに運んでほしい。 ・夕方は、ベッドに入ったら、車いすを片付けて、ポータブルトイレを設置してほしい。
整容	・朝、介助があれば、着替える洋服を選ぶ。 ・車いすにて上着衣を着替える。 ・下着衣は、トイレで排せつ後に介助にて交換している。 ・トイレ内の洗面台にて、手洗い、洗面をするが不十分。歯磨きは、練り歯磨きを歯ブラシに適量を出す介助が必要。 ・夜は、パジャマに交換している。	・その日に着る洋服を選んで着たい。 ・上着衣は車いすに乗って着替えられる。 ・下着衣は、トイレの手すりを活用してはき替えたい。 ・手洗いや洗面は、なんとかしている。 ・右手を洗うことができない。 ・歯磨き粉を歯ブラシに出してほしい。 ・寝るときは、パジャマに着替えたい。
食事	・朝は、ロールパンにジャムをはさんだものを2個。インスタントスープとインスタントコーヒーを飲む。 ・昼は、配食を頼んでいる。 ・夜は、電子レンジに入っているお弁当を温めて食べる(予定)。	・用意されれば自分で食べられる。 ・好みのものが食べたい。 ・娘が来た時に作った食事が冷凍庫に入っているので、それを温めて食べたい。

第8章 サービス内容の確定とケア手順の道筋をつける②

排せつ	・尿意や便意はある。 ・日中は、トイレに行く。 ・排便時には、温水洗浄便座を使用して洗い流している。 ・夜間は、ポータブルトイレを利用している。排便時には、うまく拭けないこともある。 ・汚れた時に1人では交換できないので介助が必要。	・トイレは自分でしたい。 ・下衣の上げ下げが大変で困る。 ・夜はポータブルトイレを使う。 ・夜は、下衣が中途半端でもよい。 ・便秘薬が効きすぎると、便が続くので困る。
入浴	・介助にてシャワー浴をしている。 ・脱衣所から車いすで行き、手すりにつかまり、シャワーチェアに移乗する。 ・左手で届く範囲は自分で洗う。 ・背中や、足、臀部などを洗うのは介助が必要。 ・洗髪は介助が必要。 ・自宅では湯船にはつかれない。	・夏場はシャワー浴でもかまわない。 ・冬場は、湯船につかりたい。 ・自分の手が届くところは自分で洗いたい。
睡眠	・よく眠れる。 ・21時から5時位。 ・排便コントロールがうまくいかないと便通が気になり頻繁に起きることもある。	・早く目がさめても、自分では行動できないのがつまらない。
コミュニケーション	・失語症。ゆっくりであれば会話ができる。 ・本人、話したいことがあると早口になり呂律がまわらず理解しにくくなる。 ・ゆっくり話すように伝える必要がある。 ・相手の話を聞くことができ、自分の意思を伝えられる。	・耳が悪いのである程度の大きさの声で話してほしい。 ・自分で考えることができるので、何かする時や、決める時には説明してほしい。

豊かさ（参加）

生きがい・意欲	・自分のことは自分でしたい気持ちがある。 ・プランターの水やりを眺めている。	・娘は、昔していた短歌などをしてほしいというが、まだやる気にはならない。 ・花は好きだから、育てたい。
余暇活動	・リハビリで塗り絵をしている。	
役割	・掃除や洗濯、買い物など、自分ができる部分をしている。	・自分ができるところは続けたい。 ・お店の人と話をしたい。
環境	・公営住宅の障がい者用住宅に住んでいる（p.95間取り図参照）。 ・バリアフリーでトイレも広い。 ・娘は毎日電話をかけて、安否確認をする。週末には訪問（予定）。	・たまには娘と出かけてみたい。
経済状況	・国民年金	

（資料：介護福祉士養成講座編集委員会編『新・介護福祉士養成講座⑨ 介護過程』中央法規出版、2009）

🔴 図 8 − 3　自立支援のための見守り的援助（ケア手順）

ここでは、見やすいように、

■＝本人のできないこと。	▽＝本人のできること。
▲＝本人の要望。	□＝ヘルパーのすること。
◇＝娘がすること。	

というようにマークを用いて記載しておきましょう。

1 掃除［掃除機かけとモップ（化学ぞうきん）使用］
　■掃除機をかける。
　▽車いすに座りながら、モップ（レンタルの化学ぞうきん）をかける。
　■モップを交換する。
　◇モップを交換する（月1回）。
　◇来た時に浴室とトイレを掃除する（週1回）。
　□ポータブルトイレ、サイドテーブルを、トイレ入り口の近くに移動する。
　□ベッドまわりに掃除機をかける。
　□本人がベッドまわりにモップをかける時に、ゴミ箱や人形などを持ち上げて、かけやすいように援助する。
　□サイドテーブルとポータブルトイレを元に戻す。
　□テーブルと、折りたたみいすをベッドサイドへ移動する。
　□フロアに掃除機をかける。
　□本人がモップをうまくかけることができるように見守る。
　□テーブルといすを元に戻す。
　□掃除機とモップを元に戻す。
　□本人に手洗いを促し、一緒に洗面所で手を洗う。

2 洗濯物たたみ（乾燥機能つき自動洗濯機を使用）
　■洗濯物をまとめて、洗濯機に入れる。
　■乾燥が終わった洗濯物を取り出す。
　▽洗濯する衣類についての要望を伝える。
　▽洗濯物をたたむ。
　▽たたんだ衣類をタンスまで運ぶ。
　▲洗濯物を自分でたたみたい。
　▲洗濯物を広げてほしい。
　▲洗濯物をうまくためない時には手伝ってほしい。
　▲洗濯物をタンスにしまってほしい。

▽翌日の８時には洗濯が終了するように、自動洗濯乾燥機のタイマーを操作する。
◇シーツなどの大きなものは娘が来た時に交換し、洗濯する。
☐木曜日のイブニングケア時に、洗濯する衣類の要望を伺い、衣類をまとめて洗濯機に入れてスイッチを押す（イブニングケアのケア手順に追加済み）。
☐訪問時に乾燥機が終了していることを確認する。
☐洗濯物を広げることができるようにテーブルの上を片付ける。
☐洗濯機より洗濯物を取り出し、テーブルの上に広げる。
☐本人と一緒に洗濯物をたたむ。
☐本人の前に、タオル、下着、靴下などの順に簡単にたためるものを広げて渡す。
☐パジャマの上着やＴシャツなどはたたみにくいので、たたみ方を尋ねながらヘルパーがたたむ（袖たたみの希望あり）。
☐たたんだ衣類は、本人が膝の上に乗せてタンスまで移動するので、タンスまで付き添う。
☐本人の指示に従い、タンスに収納する。

3 調理（夕食用の簡単な調理）
■野菜を洗ったり、皮をむく。
▲調理の練習をしたい。
▲味噌汁や、とん汁など、野菜の入ったスープを作りたい。
▲何を作ったら良いか相談したい。
◇左手でも使用できる調理器具を見つけてくる。
▽１／２にカットすれば、底辺が平らな野菜は切れる。
▽味見をする。
▽自分の希望を伝えられる。
☐冷蔵庫にある食材を見ながら本人と何を作るかを相談する。
☐食材の下ごしらえを一緒に行う。
☐食材の下ごしらえの仕方
　・玉ねぎは皮をむき、上下を切り落とし１／６にカットする。
　・人参は、１本を好みの大きさに乱切りにする（皮はむかない）。
　・ジャガイモは皮をむき１／２にすれば、本人が好みの大きさに切る。
☐スープの味付けについてはその都度相談し、味見をしていただきながら味を調える。

第9章

訪問介護計画書を作成する

> **サービス提供責任者への道（その10）**
> ❶「訪問介護計画書」に記載する項目を把握する
> ❷ ケア手順から具体的な介護計画書作成法を理解する
> ❸ ケア手順書と訪問介護計画書の目的の違いを理解する

サ責の仕事は習うより慣れろ？

土屋さん：ただ今戻りましたぁ！　おや？　吉海さん！　またまた、パソコンで作業中ですね？

吉海さん：ん？　土屋さんか。うん、お疲れさま。こちらはね、吉永さんの「訪問介護計画書」とヘルパーさん達への指示書をまとめているところ……。ふう！

土屋さん：ああ、お疲れさまです（笑）。そうですよね、事前訪問でメモしてきただけですものねぇ。ヘルパーさん達にあのまま渡してもわからないでしょうねぇ。

吉海さん：土屋さんにも「訪問介護計画書の作り方」を覚えてもらわないといけないわねぇ（笑）。事前訪問の時にさ、吉永さんが普段していることや、やろうと思えばできること、やろうとしてもできないことなんて聞いたじゃない？

土屋さん：ギョ！　ええ、ええ、聞きました。たしか吉海さんが、１つひとつの行為について、説明したら、吉永さんも、わかってこられたようで、考えながら少しずつ話していましたっけ。

吉海さん：多くの人はさ、自分がしていることやできることなんて、普段意識しないからね。でも、できなくなると、それはよくわかるのよ、当たり前だけど。でもね、その「できない、できない」って言っている中に、できることがいくつも入っているから不思議なのよ。これって、土屋さんわかるかな？

土屋さん：うううん。難しいなぁ……。それは、あの時、吉海さんは「着替えができない」と言ってたけど、上着衣は着替えることができる。排せつも「トイレに行くことができない」けれど、トイレに行けば排せつはできる……ですか？

吉海さん：そうよ。だから、ヘルパーさんには、吉永さんの「していること」や「できること」は、本人にしてもらえるような指示書を出さないと。ヘルパーさんが不要な援助をしないようにね。余計なお世話をしていたら、時間も足りないし、吉永さんのできることまで奪ってしまい、"自立支援"にならないものね。

土屋さん：……ですよね。ヘルパーが余計なお世話をして、吉永さんのできることをできなくしたくないですからねぇ。

吉海さん：だから、そのためにはヘルパーさんだけでなく、吉永さんにも、どのように援助し、どのように援助されたらよいのかがわかるような、「訪問介護計画書」と「ケア手順書（指示書）」を作らなければならないわけよ。

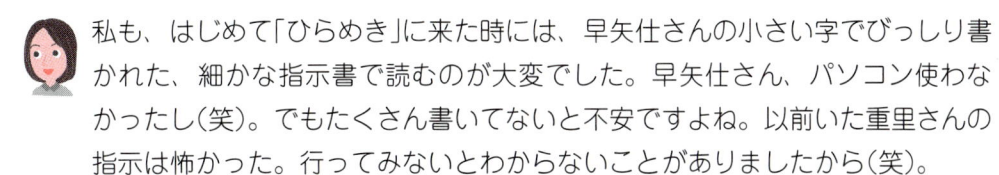

第9章
訪問介護計画書を
作成する

　私も、はじめて「ひらめき」に来た時には、早矢仕さんの小さい字でびっしり書かれた、細かな指示書で読むのが大変でした。早矢仕さん、パソコン使わなかったし（笑）。でもたくさん書いてないと不安ですよね。以前いた重里さんの指示は怖かった。行ってみないとわからないことがありましたから（笑）。

　彼は施設に行っちゃったからね。でもそれ笑いごとじゃないわよ。いつごろの指示書だったか覚えてる？

　ええと、なんというか、昨年の指示書もそうなんですけど、現状では違ってきているのがそのままだったり……。

　そりゃ、いかんね、いかんよ。吉永さんの計画書ができたら、現在サービス提供をしている利用者さんで、状態が変わっているのを修正してみて。

　ええっ。私がですか。

　早矢仕の兄さんはもうケアマネだし、重里さんはいないし。あなたしかいないでしょう？　あなたが指示書と違うと思う人でモニタリングの時期の近い人をまずピックアップしておいて。とにかく、今は、吉永さんの訪問介護計画書を作ろうよ。

　は〜い！　う〜ん、藪蛇だ〜‼（泣）

　何か言った？　ちょっと、早くいすを持ってきて、ここに座ってちょうだい。ここにモーニングケアの指示書があるでしょう？

　ああ、ナンバーが書かれてますね？

　これをパソコンで、コピー＆ペーストして、「訪問介護計画書」に入れ込むの。あとはナンバーを消していって、丁重な文章にすれば、はいでき上がり！

　あれ？　これだけ文章を書くのは難しいんだろうなぁと思っていましたのに、コピーして貼り付けていけばよろしいですって？　ふふん、案外簡単にできますね。

　そうよ。そこまでが少し面倒だけれど、慣れればそんなに面倒でも難しくもないわよ。土屋さん、この「イブニングケア」のところをやってみない？

　あまりパソコンの細かい作業は得意じゃないんだけどなぁ〜。

　ごちゃごちゃ言わない。習うより慣れろ、よ。はい、見ているからやってみましょう。

❶ 「訪問介護計画書」に記載する項目を把握する

　ケアマネが作成する「居宅サービス計画書」には、国が定めた共通の様式があります。その様式には、指定基準で求められている項目が網羅されています。サ責が作成する訪問介護計画書には、国で定められた共通の様式はありませんが、指定基準をみると、「訪問介護計画書」に記載されるべき内容が述べられています。ここでは、再度、指定基準第24条の該当箇所より、必要な項目を復習しておきましょう（➡p.46）。

> **指定基準第24条　訪問介護計画の作成**
> 1　サービス提供責任者（第5条第2項に規定するサービス提供責任者をいう。以下この条及び第28条において同じ。）は、利用者の日常生活全般の状況及び希望を踏まえて、指定訪問介護の目標、当該目標を達成するための具体的なサービスの内容等を記載した訪問介護計画を作成しなければならない。

❶サ責は利用者の日常生活および希望を踏まえる（利用者台帳や、アセスメント表を活用する）。
❷「訪問介護計画書」は、訪問介護の目標を記載する。
❸目標を達成するための具体的なサービスの内容を記載する。

> 2　訪問介護計画は、既に居宅サービス計画が作成されている場合は、当該計画の内容に沿って作成しなければならない。

❹居宅サービス計画書からの情報を記載する（第5章参照）。
　・利用者氏名、住所、年齢、生年月日、連絡先を転記する。
　・居宅サービス計画書の課題・長期目標・短期目標を転記する。
　・サービス内容・期間を転記する。

> 3　サービス提供責任者は、訪問介護計画の作成に当たっては、その内容について利用者又はその家族に対して説明し、利用者の同意を得なけれ

> ばならない。
> 4　サービス提供責任者は、訪問介護計画を作成した際には、当該訪問介護計画を利用者に交付しなければならない。

❺訪問介護計画書の説明者の氏名、住所、連絡先を記載する。
❻利用者等の同意欄を設ける。

　第24条では触れられていませんが、都道府県等の指導で、サービス提供時間や、担当ヘルパー名を書くように指導されているところもあるようです。訪問介護の介護報酬が時間単位で区別されていることを考慮し、時間を記入しましょう。また、サービスに対する責任の所在を明らかにしておくという点からも、担当ヘルパーの氏名を記入する必要もあるでしょう。

> **訪問介護計画書に記載する項目一覧**
> ☐サ責は利用者等の日常生活および希望を踏まえる。
> ☐訪問介護計画書は、訪問介護としての目標を設定する。
> ☐目標を達成するための具体的なサービスの内容を記載する。
> ☐サービス内容を、具体的に記入できるようにスペースを確保しましょう。
> ☐サービス行為ごとの提供時間記入欄
> ☐担当ヘルパー名記入欄
> ☐居宅サービス計画に沿って作成する（第5章参照）。
> 　　・利用者氏名、住所、年齢、生年月日、連絡先
> 　　・居宅サービス計画の課題・長期目標・短期目標
> 　　・サービス内容・期間
> ☐訪問介護計画書の説明者の氏名、住所、連絡先
> ☐利用者等の同意欄

❷ ケア手順から具体的な介護計画書作成法を理解する

　第7章と第8章では、「居宅サービス計画書」に記載されたサービス内容をもとに、利用者とご家族が実際に行っている場面を再現して、ヘルパーが行う具体的なケア手順を明確に示しました。そこで得た情報は、箇条書きに整理され、ヘルパーへのケア手順書(指示書)となります。

　ケア手順書には、サービス行為ごとに、「利用者のしていること、できること、できないこと、家族のすること」(アセスメント内容)およびその行為における課題と目標が記載されています。

　ヘルパーに対しては、このようなていねいに作られたケア手順書を出したとしても、利用者等が、「ヘルパーが来るから何でもしてもらえる」と思われてしまったら、トラブルにもなりかねません。サ責は、利用者等が「自分たちのしていることや、できること」を確認できるような、具体的なサービス内容を記載してある「訪問介護計画書」を作成する必要があります。

　このような計画書は、文字数が多くなるため、作業が大変だと思います。しかし、全体としては、事業所内で共通のフォーマットを作成しておき、パソコン等でヘルパーに対するケア手順を貼り付け、利用者に理解できるように編集すればよいのです。

　何より、相互理解不足の、利用者とのトラブル回避にも有効です。ここに、吉永さんのイブニングケアの一部を例示しましょう。

　まず、サービス内容は、利用者等と、衣類交換・排せつ介助のケア手順が作成されるまでの工程を考えて組み立てます。書き手の視点で重要なのは、援助がスタートしてから、ヘルパーや利用者が説明不足で困らないようにしておくこと、ヘルパーが援助を行うために必要な情報は何かを明確にしておくこと。また、利用者等はどのようにしてほしいと望んでいるのか、それらを明確にします。その後、最終段階の「ケア手順書」の文言を作成します。ここではイブニングケア(➡p.107 図9-1)のケア手順が浮かび上がってきた背景の一部を記載しておきましょう。

図9-1 ヘルパーのすること（イブニングケアの「ケア手順」より）

❶パジャマを選んでいただく。

【必要な情報】　　　　　　　　　　　　【吉永さんの要望】
・吉永さんは何を着て休むのか。　　　　パジャマに着替えたい。
・パジャマはどこにあるのか。　　　　　タンスの中にあるものが良い。
・パジャマはどれでも良いのか。　　　　その日に着るパジャマを選びたい。

❷本人がパジャマをひざに乗せトイレに移動するので一緒にトイレに入る。

【必要な情報】　　　　　　　　　　　　【吉永さんの要望】
・どのポイントでパジャマに着替えるの　下着衣は、排せつ後にトイレで着替えた
　か。　　　　　　　　　　　　　　　　い。
　　　　　　　　　　　　　　　　　　　上着衣は、ベッドの上で着替える。
・おむつは使用するのかしないのか。　　おむつは使用しない。
　　　　　　　　　　　　　　　　　　　夜間Ｐトイレ利用のためズボンのみで対
　　　　　　　　　　　　　　　　　　　応。
・どうやってトイレへ行くのか。　　　　パジャマを自分のひざに載せて、車いす
　　　　　　　　　　　　　　　　　　　にてトイレに行く。

❸トイレまで行ったら、ブレーキがかかっていることを確認して、これからの介助の段取りを説明し、着替えをあずかる。

【必要な情報】　　　　　　　　　　　　【吉永さんの要望】
・車いすからトイレに１人で移乗できる　トイレへの移乗は１人ではできない。
　のか。
・移乗動作は理解できているのか。　　　移乗動作はやる度に説明してほしい。

❹手すりにつかまり立つことを伝える。この時に左側へ体重移動ができるように説明し、立ち上がりを見守り、必要時には、左側へ体重移動ができるように押し上げる介助を行う。

【必要な情報】　　　　　　　　　　　　【吉永さんの要望】
・自分で立つことができるのか。　　　　手すりがあれば立てるが不安。手伝って
　　　　　　　　　　　　　　　　　　　ほしい。
・どのような援助が必要なのか。　　　　右麻痺なので右側に倒れないように介助
　　　　　　　　　　　　　　　　　　　してほしい。

図9-2　ケア手順および介護計画作成シート

◆ヘルパーのすること：ケア手順（衣類交換・排せつ介助）

❶パジャマを選んでいただく（タンスに移動、パジャマを選択する）。
❷本人がパジャマをひざに乗せトイレに移動するので一緒にトイレに入る。

❸便器の前まで行ったら、ブレーキがかかっていることを確認して、これからの介助の段取りを説明し、着替えをあずかる。
❹手すりにつかまり立つことを伝える。この時に左側へ体重移動ができるように説明し、立ち上がりを見守り、必要時には、左側へ体重移動ができるように押し上げる介助を行う。

❺便座にうまく座っていることを確認し、羞恥心への配慮のため、下半身にタオルをかける。車いすを前に置きパジャマを座面に置き、その場を離れる。

❻本人の合図でトイレの中に入る。排便時には、拭き残しがないかを確認する。汚れている場合には、汚れている箇所を、温水洗浄便座を使って洗い流す。
❼本人に下着衣の交換について説明し、同意を得る。

❽ヘルパーは、便座に座っている本人の前に入れるように、本人の座位安定の確認後、車いすを自分の後方へ下げる。
❾足もとにしゃがみ、下着衣を足から外す。この時にリハビリパンツは脱いでいただく。

❿パジャマのズボンを足元からひざのあたりまで繰り上げる。
⓫本人に立ち上がる準備ができたことを伝えて、手すりを持ち左側に体重をかけて立ち上がっていただく。

⓬その後、立位の安定を確認して、下着衣をひざ上まで引き上げる。本人の手が届くところまできたら、上体が倒れないように注意を促しながら、本人が下着衣を上げるのを見守る。

⓭車いすへの移乗時には転ぶことがないように右側について見守り、必要時に援助する。

⓮ケア時間にゆとりがあれば上着衣の交換を見守り、必要な援助を行う。

⓯洗面台にて、手洗いを手伝う。
※水曜日には、衣類をまとめて洗濯機に入れてスイッチを押していただく。

◆訪問介護計画（具体的なサービス内容）

　吉永さんに、車いすで、タンスまで移動していただき、本日着るパジャマを選んでいただきます。そのパジャマをひざに乗せ、トイレに行くので、付き添います。トイレでは、排せつ介助および下着衣の交換を行います。

　便座の前では、ブレーキがかかっていることを確認してから、手すりにつかまり立ちをしていただきます。必要時には、左側へ体重移動ができるように、腰を押し上げる等の介助を行います。腰を回転し座っていただきます。

　便座にうまく座っていることを確認後、下半身にタオルをかけます。そして、前に倒れることがないように、車いすを前に置き、パジャマを座面に置き、ヘルパーはその場を離れますので、吉永さんは終わりましたら、お知らせください。

　ヘルパーは吉永さんの合図を受けてトイレの中に入ります。排便時には、拭き残しがないかを確認し必要に応じて、温水洗浄便座を使って洗い流します。次にズボンの交換をします。

　ヘルパーは、介助がしやすいように、本人の座位安定を確認後、車いすを自分の後方へ下げます。吉永さんの足もとにしゃがみ、ズボンと、リハビリパンツを足から外します。

　夜はリハビリパンツをはかないというご希望がありますので、ヘルパーはパジャマのズボンのみを足元からひざのあたりまで繰り上げます。ヘルパーが、立ち上がる準備ができたことを伝えますので、吉永さんは、手すりを持ち左側に体重をかけて立ち上がってください。

　その後、立位の安定を確認して、下着衣をひざ上まで引き上げます。吉永さんの手が届くところまでズボンがきたら、倒れないように注意をしながらズボンを引き上げてください。ヘルパーはこの間、側に寄り添い、必要な援助を行います。

　次に車いすへ乗り移りやすいように、車いすを近づけます。吉永さんは、車いすへ移る時には、転ぶことが無いよう気をつけて移ってください。ヘルパーは、右側について見守り、必要時には腰を支えるなどの介助をします。

　その後、ケア時間にゆとりがあれば上着衣の交換を見守り、必要な援助を行います。ゆとりがない場合には、その旨を伝えて、着替えは後ほどしていただきます。

　洗面台にて、手を洗い、食堂へ移動していただきます。

※水曜日には、衣類をまとめて洗濯機に入れてスイッチを押していただきます。

図9-3 訪問介護計画書

氏名　吉永　いつか様　　70歳　認定　要介護4 期間　平成24年1月12日～平成24年10月31日まで	
居宅サービス計画書より（モーニングケア） 長期目標：他者に手伝ってもらい生活リズムを整えたい。 短期目標：①夜間の排せつ行為が維持できる。 　　　　　②日中の車いすでの活動が継続できる。	
介護の目標：本人のしていること、できることは、自分で継続し生活リズムが維持できるように援助します。	
入室 相談・助言	公営住宅到着後、「お客様用駐車場」へ車を止めさせていただきます。 ヘルパーが、ドアのインターホンを押しヘルパーが来たことをお知らせしますので、リモコンを操作して鍵を開けてください。 ヘルパーは、鍵が開いたことを確認して、中に入ります。玄関先にて、靴を脱ぎ、洗面台で、手洗いうがいをすませます。 その後、吉永さんのそばへ行きあいさつをして体調を伺います。 調子の悪い時には、お知らせください。必要な処置をとります。 本日の援助内容と、援助方法について説明しご相談しますので、その時々のご希望があればお知らせください。 おおむね下記内容に沿って援助を行います。
モーニングケア （15分）	（ポータブルトイレの掃除と場所の移動） ポータブルトイレのふたを開けて、中のバケツを取り出し、ふたをして、トイレまで行き、汚物をトイレに流します。バケツにトイレ掃除用洗浄剤を少量入れ、浴室より水をいただき、バケツ内を軽くゆすぎ、その水をトイレに流します。もし、汚れがひどい時は、トイレ掃除用ブラシを使用し汚れを落とします。バケツ周りが汚れていないことを確認して、元の場所に戻し、ポータブルトイレをベッド右サイドの足もとへ移動します。 吉永さんは、この間に、ベッドより起き上がり、転ばないように注意して、靴を履いてください。難しい場合は、ベッドに腰かけたまま、介助バーを持ち少しお待ちください。 （車いすの設置・移乗の見守り） ヘルパーは、手洗い終了後、ベッドサイドに車いすを運び、車いすの安全点検をいたします。ブレーキの効き具合、タイヤの空気の入り具合など、不具合がないかを確認し、異常がある場合には、必要な対処を行います。 次に、吉永さんが、靴を正しく履けたかどうかを伺いますので、不具合があればお知らせください。必要な援助を行います。 車いすへの乗り移りが、上手くできるように、車いすを設置いたし

ますのでご希望の位置をご確認ください。
車いすへの移乗時は、移乗する方法を伝えて必要な介助を行います。吉永さんは、1人での乗り移りには不安があるのでそばに付き添い、不安定な場合には、体重が、左側へあずけられるように、軽く腰を押し上げます。乗り心地を伺い、安定しない時は、右腰を後方へ下げる介助をします。

（上着衣の交換）
吉永さんは、車いすへ乗れば、自分で車いすを操作して、タンスまで行かれます。ヘルパーはタンスの引き出しから、吉永さんの好みの服を取り出します。ヘルパーはその日の天候に合わせた衣類が選択できるように相談・助言をします。
上着衣はご自分で着替えることができるとのことですが、その時々の様子を見ながら、必要な援助をします。

（排せつ介助）
上着の交換がすみましたら、下着衣を持ち、吉永さんの移動するペースに合わせて、トイレ前まで移動します。
トイレの前に着きましたら、車いすのブレーキがかかっていることを確認したうえで、これからの介助の説明をします。
はじめに、左手で、手すりにつかまり立っていただきます。ヘルパーは、吉永さんの立ち上がりを見守り、必要時には、左側へ体重移動ができるように腰を押し上げる介助を行います。
その後便座に座れるように、腰を回転させます。次に、下着衣を大腿部まで下げます。吉永さんは転ばないように注意をしながら便座に着座してください。
ヘルパーは、便座にうまく座っていることを確認後、羞恥心に配慮して、下半身にタオルをかけ、前に倒れることがないように、車いすを前に配置し、そばを離れます。

（下着衣の交換）
ヘルパーは、選んだズボンとリハビリパンツを持ち、トイレ前で待機していますので、終了しましたらお知らせください。
終りの合図を受けて中に入ります。排便時には、拭き残しがないか伺い、汚れている場合には温水洗浄便座などを使って、洗い流せるような介助を行います。
次に、下着衣の交換の仕方について説明しながら、吉永さんができないところを手伝います。
この時に、ヘルパーは、下着衣の交換がしやすいように、吉永さんの前に入れるように、座位の安定を確認後、車いすを下げます。

	次に、足もとにしゃがみ、下着衣を足から外します。下着衣については洗濯の要望を確認し、洗濯をする時には洗濯かごへ、しない時には、バックサポートの後方にある袋へ入れます。 リハビリパンツを足元から膝のあたりまで繰り上げ、同様にズボンも膝あたりまで繰り上げます。次に立ち上がりますので、立ち上がれるように足の位置を確認します。 車いすを手の届く位置へ移動後、立ち上がる準備ができたことを伝えますので、手すりを持ち左側に体重をかけて立ち上がってください。その後、立位の安定を確認して、下着衣をひざ上まで引き上げます。吉永さんは、ズボン等が、手が届くところまできたら、上体が倒れてこないように注意しながら、下着衣を引き上げてください。ヘルパーは上げるのを見守り、上手くできない時には手伝います。 はき心地や着心地を伺い、身支度を整えたあと、ヘルパーが車いすを引き寄せます。 車いすが、乗りやすい位置へ来ましたら、手を伸ばして乗り移ってください。ヘルパーは、この時に、転ぶことがないように右側について見守り介助をします。
	(洗面・手洗い・口腔ケア) ヘルパーは手洗いをすませ洗面準備をしますので、ゆっくり洗面台までお越しください。洗面ができる位置についたことを確認後、吉永さんの手に石鹸をつけて右手と左手を洗い、タオルで手を拭きます。この時にも、自分でできるところはしてください。 次に練り歯磨きを歯ブラシに適量絞り出し渡しますので、歯磨きをしてください。この間もそばにいて必要な援助をいたします。 洗面終了後は、後始末を確認して外に出ます。
朝食準備 片付け （6分）	(朝食準備片付け) 吉永さんは、洗面が終わりましたら、テーブルにおつきください。ヘルパーは、食器棚から、丸皿とスプーンを出して前に置きます。テーブルの、かごの中にあるバターロールの入った袋から、パンを2個お皿にのせます。冷蔵庫より、好みのジャムを取り出し吉永さんに好みの量を伺いながら、パンの横に添えます。 食器棚から「ケロちゃん」のマグカップを取り出し、その日の希望を伺い、そのスープをマグカップに入れ、ポットから適量のお湯を注ぎます。吉永さんはかき混ぜてお飲みください。 次に食器棚より、白いコーヒーカップを取り出し、インスタントコーヒーを入れ、砂糖は3gのスティック1本をカップに入れます。次にポットの湯を好みの量注ぎますので、同様にかき混ぜてお飲みください。その時にも、必要に応じて援助をいたします。

	その後、終了時間を見ながら、使用済みの食器等をキッチンへ運び洗ってかごにふせます。
記録 （3分）	吉永さんにケアのやり残しがないかを確認しケア内容を記録。あいさつをし退室するので、鍵を閉めてください。確認します。
夕食準備 片付け （10分）	（夕食準備片付け） ヘルパーは吉永さんと、夕食に何を食べるかを決めます。夕食には娘さんが作り置きした料理を食べたいという希望があります。冷凍庫より選択したものをレンジで温め、料理が温まる間に、マグカップに好みのスープを入れます。料理が温まりましたら、配膳をいたしますので食べてください。ヘルパーは吉永さんが食事をされている間に台所の使用済み食器を洗浄しかごに伏せます。食後、使用した食器を片付けます。
衣類交換・排せつ介助 （15分）	（衣類交換） 吉永さんに、車いすで、タンスまで移動していただき、本日着るパジャマを選んでいただきます。そのパジャマをひざに乗せ、トイレに行くので付き添います。
	（排せつ介助） トイレでは、排せつ介助および下着衣の交換を行います。便座の前では、ブレーキがかかっていることを確認してから、手すりにつかまり立ちをしていただきます。必要時には、左側へ体重移動ができるように、腰を押し上げる等の介助を行います。便座にうまく座っていることを確認後、下半身にタオルをかけます。ヘルパーは、吉永さんが、前に倒れることがないように、車いすを前に置き、座面の上にパジャマを置いて、その場を離れますので、吉永さんは終わりましたら、お知らせください。ヘルパーは吉永さんの合図を受けてトイレの中に入ります。排便時には、拭き残しがないかを確認し必要があればトイレの温水洗浄便座を使って洗い流します。次にズボンの交換をします。ヘルパーは、介助がしやすいように、吉永さんの座位安定を確認後、車いすを自分の後方へ下げます。次に、吉永さんの足もとにしゃがみ、ズボンと、リハビリパンツを足から外します。夜はリハビリパンツをはきたくないというご希望により、ヘルパーはパジャマのズボンのみを足元からひざのあたりまで繰り上げます。ヘルパーが、吉永さんに立ち上がる準備ができたことを伝えますので、吉永さんは手すりを持ち左側に体重をかけて立ち上がってください。その後、立位の安定を確認して、下着衣をひざ上まで引き上げます。吉永さんは手が届くところまでズボンがきたら、倒れないように注意をしながらズボンを引き上げてください。

● 図9-4　居宅サービス計画書（自立支援のための見守り的援助）

長期目標：他者に手伝ってもらい、洗濯、掃除、調理ができる。
短期目標：他者と一緒に洗濯物をたたんだり、掃除をしたり、簡単な調理ができる。
介護の目標：吉永さんは、少しでも、家事能力を取り戻したいという気持ちがあります。現在していること、できることを維持し、できることが増えるように援助いたします。

掃除 （水曜日） 10分	ベッドまわりを掃除する時には、ポータブルトイレや、サイドテーブルをトイレ前に移動します。次にヘルパーが掃除機をかけます。吉永さんは、車いすを移動させながらモップをかけてください。 ヘルパーは、モップをかけやすいようにゴミ箱やマガジンラックなどをどかします。モップがけが終了しましたら、ポータブルトイレや、サイドテーブルを元に戻します。 フロアの掃除では、ヘルパーがテーブル等をベッド方向へ移動します。また、物品を移動する時には、吉永さんにぶつからないように注意いたします。すべての掃除が終了したら、掃除機とモップを元に戻します。 吉永さんに手洗いをすすめ一緒に洗面所にて手を洗います。
洗濯物 たたみ （金曜日） 10分	木曜日のイブニングケア時に、洗濯する衣類について相談し、洗濯する衣類をまとめて、洗濯機へ入れます。必要量の洗剤を入れ、スイッチを入れタイマーの確認をします。 金曜日の朝、訪問時に、乾燥が終了していることを確認します。テーブルの上を片付けて、洗濯物を洗濯機から出して広げます。 吉永さんには、タオルや下着、靴下など、たたみやすい品物をたたんでいただき、ヘルパーはパジャマやＴシャツなどを一緒にたたみます。吉永さんは、たたんだ衣類を、ひざの上に乗せてタンスまで運んでください。ヘルパーは一緒にタンスまで付き添い、吉永さんの指示に従い、衣類をタンスへ収納します。
調理 15分	味噌汁や野菜スープを一緒に作りたいというご希望があります。水曜日と金曜日には、簡単なスープを作ることができるようにします。 はじめに洗面所にて、一緒に手洗いします。次に冷蔵庫にある食材を見ながら、吉永さんと使用する食材について相談をします。 下ごしらえでは、玉ねぎは皮をむき、上下を切り落とし、１／６にカットします。人参は、きれいに洗い、吉永さんがカットしやすい大きさにしておきます。ジャガイモは皮をむき１／２の大きさに切りまな板に置きます。吉永さんは、左手で野菜を適当に刻んでください。ヘルパーはけがをしないように、うまく刻めるように見守り

> ます。次に圧力なべに切った野菜を入れてください。圧力なべを5分火にかけます。野菜が柔らかくなりましたら味付けをします。この時に味見をしていただき、好みの味付けに調えます。

訪問介護計画書について説明をいたしました。

サービス提供責任者氏名　土屋千雪
事業所名　ひらめき訪問介護事業所

住所　S県M市T町　△－○－×
電話　×××(456)7890

訪問介護計画書の内容に同意いたします。
平成24年　1月　14日

　　　　　　　本人　　　吉永いつか　　　印
　　　　　　　代理人　　吉永今日子　　　印

③ ケア手順書と訪問介護計画書の目的の違いを理解する

　ケア手順書が、ヘルパーに出す指示書とすれば、訪問介護計画書は、利用者に提示するサービスの手順書といえます。自立支援をめざして作成される計画書ですが、利用者自身が自分ですることを理解できることが重要です。そのため、命令調で書かれているケア手順書を、パソコンのワープロソフト等でコピーして様式に貼り付けたあと、訪問介護計画書用にていねい語の文面に書き換える必要があるでしょう。

先輩サ責からのアドバイス④

◆ケア手順書作成方法のまとめ

　p.108〜109 図9-2の「ケア手順および介護計画作成シート」を整理しながら、ケア手順書を作成しました。ここで、佐藤が用いている「ケア手順書」とは、ヘルパーさんへの指示書です。この指示書の記載内容によって、ヘルパーは援助を行うわけです。

　その手順に"もれ"があれば、事故や苦情につながる可能性が高くなります。サ責は、ヘルパーは自分の代理でサービスに入るのだ、という心構えで、ケア手順書はていねいに作成し、「考えられる範囲のリスク」は回避できるように配慮しておきましょう。

　また、ケア手順書には、訪問までに行うもの、行う可能性のある行為を記載しましょう。

　たとえば、自転車や自動車を止めておく位置、本人宅を訪問した時の注意事項(例／玄関ではなく裏口から入る、庭に回って縁側からあいさつする、鍵は○○にあるのでそれを使う)等を記載しておきます。また、本人ができることは本人にしていただけるように。また、ヘルパーの援助が必要なところは、援助行為を記載しておきます(例／本人は自分で起き上がることができるので、そばに付き添い、転ばないように見守る。車いすは自走(操作)できるので移動できるように付き添う。洗濯物のしわを伸ばして渡せば本人がたたむのでうまくたためるように見守る等)。様々な援助行為がある場合には、その行為の手順に沿って記載しておく必要があります。

第10章

サービス担当者会議って何をすればいいの？

> **サービス提供責任者への道（その11）**
> ❶ サービス担当者会議の意義を理解する
> ❷ サービス担当者会議の準備を理解する
> ❸ サービス担当者会議の開催手順を理解する

● サービス担当者会議が始まった

永井さん：皆さま、お疲れさまです！　本日はご多忙の折、吉永いつかさんの初回サービス担当者会議にご足労いただき、ありがとうございます。ただ今から担当者会議を始めたいと思います。私は介護支援専門員の永井と申します。本日の進行役を務めさせていただきますので、よろしくお願いします。では、吉永さんの娘さんから。

娘さん：皆さま、本日はよろしくお願いいたします。本人はまだしゃべりにくいので、基本的には、娘の私、今日子が答えさせていただきます。

吉永さん：よろしく……お、お願いします。

永井さん：はい。では、各サービスのご担当の皆さまは、ご本人、娘さんとはすでに面識があるとは思いますが、サービス提供者の方々をご紹介させていただきます。まず、こちらが通所リハビリの相談員の岩田さんと、吉永さんが通っていたリハ病院の理学療法士・藤野さんです。

岩田さん：さんベリハビリテーションセンターの相談員の岩田と申します。どうかよろしくお願いいたします。

藤野さん：西京大病院でPTをやっています、藤野です。こんにちは。よろしくお願いしますね。

永井さん：こちらが、ヘルパーさんをお願いする訪問介護事業所のサービス提供責任者の吉海さんと、ええと……ツチヤさん。

吉海さん：ひらめき訪問介護事業所の吉海です。今回は、新任の土屋も同席させていただきます。

土屋さん：土屋です！　よろしくお願いしまぁす！

永井さん：こちらは、通院介助をお願いする介護タクシーの中村さんに来ていただきました。

中村さん：豊介護タクシーの中村です。どうぞよろしくお願いします。

第10章
サービス担当者会議って
何をすればいいの?

皆さん、よろしくお願いします。

ええと、娘さんは、来週には仕事に復帰するご予定と伺いましたので、皆さまにもお伝えしておきます。はじめに「居宅サービス計画書原案」について説明させていただきます。お手元の「居宅サービス計画書(1)」をご覧ください。この"利用者及び家族の生活に対する意向"についてですが、ご本人の意向は、「今回倒れるまでは自分で自分のことができていた。ようやく家に戻ってきたから、自分の家のトイレに行けるようになりたい」ということでした。(吉永さん、娘さん)それでよろしいですか?

ええ、そうね。

娘さんはいかがですか?

そうですねぇ、今の状態の母が1人暮らしは難しいです。でも、施設や病院ではなく、家で暮らしたいと申しておりますので、娘としてはできるだけ母の気持ちを汲んであげたいと考えております。

ありがとうございました。お2人の意向を受けて、「居宅サービス計画書(1)」がこのような内容となりました。通所リハビリを導入するにあたり、本日は、吉永さんが通院している病院から理学療法士の藤野さんにも参加していただきました。通所リハビリの岩田さん、いかがでしょう?

はい。先生からの指示書を拝見すると、訓練室ではできることが増えているので、在宅でも、はい、できる活動を、えっと広げるようにとのことでしたね。

あの〜「できる活動」って……どういうことでしょう?

はいはい。吉永さんはリハビリ室で掃除の訓練をしていただいています。掃除機は無理でも、モップを使えば、ご自分で床を拭けますからね。そういう部分を「できる活動」と言います。今後はヘルパーさんが手伝ってくだされば、調理も視野に入りますよ。できることが増えることは楽しいですよね〜、吉永さん。

ええ、ええ。嬉しいですねぇ。

こうして、土屋さん初参加のサービス担当者会議が進んでいきました。

119

❶ サービス担当者会議の意義を理解する

　サービス担当者会議の主催者はケアマネです。ケアマネの指定基準によると、ケアマネは「サービス担当者会議（居宅サービス計画書原案に位置付けたサービス等の担当者を召集して行う会議をいう）を開催し、利用者の状況等に関する情報を担当者と共有する」とあります。

　サービス担当者会議の目的は、「居宅サービス計画書原案」の内容について、担当者からの専門的な意見を求めることとされています（照会も可）。

　居宅介護支援がスタートした後は、以下にあげる場合において、「居宅サービス計画書」の変更の必要性について、担当者の専門的な見地からの意見を求めることとされています（照会も可）。この時期にサービス担当者会議が開催されなかった場合、ケアマネにはペナルティが課せられ、報酬減算が発生することになります。

> **サービス担当者会議の開催時期**
> イ　居宅サービス計画書原案が作成された時
> ロ　要介護認定を受けている利用者が要介護更新認定を受けた時
> ハ　要介護認定を受けている利用者が要介護状態区分変更の認定を受けた時

　サ責の責務には、ケアマネとの連携があります。サ責は上記の該当時期にケアマネがサービス担当者会議を開催できるように協力しましょう。その一助として、利用者の「要介護認定の期間」が明確にわかる利用者情報を記載した「利用者管理台帳」等を作成するのがよいでしょう。

❷ サービス担当者会議の準備を理解する

　利用者の生活機能に変化がない限り、サービス担当者会議の開催時期は決められています。では、サ責は、決められているサービス担当者会議の開催

第10章
サービス担当者会議って
何をすればいいの？

のため、いつごろ、何を、どのように準備したらいいのか案内しましょう。

ⓐ 居宅サービス計画書原案が作成された時

　まず、「居宅サービス計画書原案」が作成された時のサービス担当者会議で、サ責が専門的な意見を述べるためには、当然ながら、サービス担当者会議の前までに、この「居宅サービス計画書原案」を入手している必要があるのです。

　とはいえ、現実に「居宅サービス計画書原案」が、そのサービス担当者会議の席上で、はじめて担当者に配布されることもあります。ひどい場合は「居宅サービス計画書原案」を作成する前に、サ責を利用者宅に同行させ、その場をサービス担当者会議と称するケアマネも存在します。

　ケアマネ自身が指定基準で求められている過程を展開できないのです。なぜ、法令を遵守できないのでしょう？　原因は、ケアマネ自身が未熟か、その事業所でとても"プロフェッショナル"とは言えない「流儀」が常態化していることにあるのでしょう。

　ここでは、サ責が、まずサービス担当者会議へ参加する準備等を述べていきますので、プロフェッショナルとして、必要な準備を行い、利用者やご家族に失礼がないようにしましょう。

◆初回サービス担当者会議へ参加するための手順
❶居宅サービス計画書原案を入手する。

　サービス提供が可能であることがわかったら、ケアマネにサービス受託ができることを伝えます。その時に「居宅サービス計画書原案」の提示を求めます。同時に利用申込書などを参照して、利用者情報をまとめ、利用者台帳（基本情報）を作成しておきましょう。

❷事前訪問を行い、「ケア手順」と「訪問介護計画書（案）」を作成する。

　事前訪問の方法については、第6章を参照してください。ここでは「居宅サービス計画書原案」で取り上げられたサービス内容について、利用者および家族等と関わり、詳細にアセスメントし、ヘルパーが提供する具体的なサービス内容（ケア手順）を作り、その後、「訪問介護計画書（案）」を作成します。

❸サービス担当者会議の検討項目を入手する(イ〜ハ共通)。

　ケアマネにサービス担当者会議の検討項目を、事前に提示してもらいます。それをもとに、積極的な意見を伝えることができるように準備しましょう。

❺ 要介護認定を受けている利用者が要介護更新認定を受けた時

　利用者が、要介護認定の更新認定を希望する時には、有効期間が終了する60日前から申請することができます。保険者によっては、利用者宅へ更新の時期が来たことを通知しています。同時に、ケアマネも、利用者が更新認定を受けることができるように、利用者の意向に沿って、代行申請を行います。

　そこで、サ責は、利用者が更新申請をしたことを受けて、サービス担当者会議に参加する準備をしましょう。

❶サービス提供によって利用者の状態がどのように推移したのか評価する。

　要介護認定の更新時期を迎えたら、モニタリングを行い、ヘルパーが関わることにより、利用者の状態がどのように推移したのかを評価します。利用者の状態の推移の表現方法は下記のとおりです。

> ・利用者のできなかったところが、できるようになった場合は「改善」
> ・利用者のしていること、できていることに特に変化がない場合は「維持」
> ・利用者のしていたこと、できていたことができなくなった場合は「悪化」

❷ヘルパーとケアカンファレンスを行い、訪問介護側の意見をまとめる。

　ケアカンファレンスとは、1人の利用者に、サービスを提供しているヘルパーが一堂に会して、利用者の援助方法について話し合う会議です。

　サ責は、効果的な会議を開催するために、モニタリングの結果を受け、ヘルパーと協議する内容を明確にして、議題を決めます。

　ヘルパーにはあらかじめ、議題を提示しておき、自分の考えをまとめておいてもらいます。参加できないヘルパーからは、議題に対しての意見を提出していただきましょう。会議ができない場合も、同様にヘルパーより意見の提出を求め、サ責はそれらの情報をまとめて、会議に参加しましょう。

❸ 要介護認定を受けている利用者が要介護状態区分変更の認定を受けた時

　利用者が、認定期間内に状態が変化した場合、要介護区分の見直しの申請を行います（要介護者と要支援者が対象）。認定期間内に介護状態が変化した場合、多くはケアマネが利用者等に、区分変更について説明します。その結果、利用者等で区分変更の申請を行います。また、利用者の意向があれば、ケアマネが申請代行を行います。

　それを受けて、ケアマネはサービス提供事業所に、区分変更申請を提出したことを伝えてきます。この場合、❷と同様の手順を経ます。

　サービス担当者会議が開催された場合には、「居宅サービス計画」が見直されます。サ責はそれに応じて速やかに再アセスメントを行い、「訪問介護計画書」と「ケア手順」の変更を行います。訪問介護計画書等が更新された場合には、利用者に交付し、ケアマネにも渡しましょう。

❸ サービス担当者会議の開催手順を理解する

　サービス提供事業所から、ケアマネに対して、サービス担当者会議の開催を依頼する場合もあります。利用者にサービスを提供していて、以下のような状況が見られた場合には、サ責が、ケアマネにサービス担当者会議の開催依頼を行います。なお、サ責から依頼を出す時には、サービス担当者会議で検討する項目案を出したり、解決方法を提案しておくと、速やかに開催される可能性がグーンと高くなります。

> ❶定期的なモニタリング結果から、利用者の状態に変化が見られた時
> ❷利用者の状態の変化により、サービスのミスマッチが発生している可能性がある時

図10-1　サービス担当者会議の要点

第4表				作成日	平成 24年 1月 14日	

サービス担当者会議の要点

利用者名　吉永いつか　様　　　居宅サービス計画書作成者(担当者)　永井道子

開催日時　平成22年 4月4日　14時～15時迄　　開催場所　吉永いつか様宅　　開催回数　初回

会議出席者	ご本人の参加	㊥参加・不参加	所属(職種)		氏　名
	ご家族の参加	㊥参加・不参加	西京大病院PT		藤野
	ご家族氏名①	吉永今日子	さんべリハビリセンター相談員		岩田
	ご家族氏名②		ひらめき訪問介護		吉海・土屋
			ひらめき居宅介護支援		永井
			豊介護タクシー		中村
会議欠席者	所属(職種)	氏　名	サービス担当者に対する照会(依頼)内容及び意見聴取	備　考	
			有　・　無		
			有　・　無		
			有　・　無		
検討した項目	①サービス提供者の紹介・確認 ②居宅サービス計画書原案の説明　本人・家族等の意向 ③介護タクシー利用についての説明　送迎時間・送迎方法の確認 ④訪問介護計画書原案の説明　入室時の鍵の取扱い方法 ⑤通所リハビリ計画書原案の説明　送迎時間・手順の確認 ⑥各専門職種間の質疑・応答調整(病院のPTより情報提供) ⑦居宅サービス計画書・通所リハビリ計画書・訪問介護計画書の承認およびサービス開始時期の確認				
検討内容	①サービス提供者の紹介・確認 ②居宅サービス計画書原案の説明　本人・家族等の意向の確認 ③介護タクシー送迎時間・送迎方法について検討 ④訪問介護、入室時の鍵の取扱い方法について検討 ⑤通所リハビリ送迎時間について 　・質疑応答。移乗方法の確認、家事への参加に対する支援 ⑥居宅サービス計画書・通所リハビリ計画書・訪問介護計画書の承認およびサービス開始時期の確認				
結論	①本人・家族の意向は全員で共有する ②予定時間に遅れる場合はドライバーが早めに連絡する。受診終了後に電話を入れる。ドア・ツゥ・ドア送迎 ③送迎時間の予定表を交付する 　・PTによる移乗方法の検討を行い、本人を含めて確認する 　・調理などの自助具については、事業所にあるものを提供しながら、使い勝手の良いものを提案する。 ④各計画書の承認。サービス開始は4月7日(月曜日)とする。				
残された課題	・自立支援のための見守り的援助の方法について、1か月後に訪問介護におけるモニタリングと、通所リハビリにおける評価との整合性をはかる必要がある。 ・今月末に、それぞれの事業所より、モニタリングと評価を提出していただき、整合性をはかっていく。				
(次回の開催時期)	次回は9月に開催予定。				

124

第11章

なぜ初回訪問はヘルパーに同行するの?

> **サービス提供責任者への道（その12）**
> ❶ 介護報酬を知ろう
> ❷ 初回加算を知ろう
> ❸ 特定事業所加算を知ろう
> ❹ 生活機能向上連携加算を知ろう
> ❺ 加算に必要な帳票を整備しよう

● サ責は「記録」せねばならない

吉海さん：土屋さん、そろそろ吉永さんへのサービスが始まるわよねぇ。だから、とりあえずのサービス提供の流れを知っておいてほしいんだけどな。

土屋さん：はい、具体的には、どうすれば？

明日の初回訪問は、私が同行するからさ、サ責ではなく、今回はヘルパーとして入ってほしいのよ。あとねぇ、平成21年度の介護報酬改定で訪問介護事業所に初回加算がついたってことは知ってる？

ええ、何となく……。

ははは、何となくはダメ！　ほら、ここを見て。初回加算ってこういう要件（加算がつくための条件）があるのよ。

へぇ〜、わかったような、わかんないような……。

いきなりは無理か（笑）。でも、こういうことに少しずつ興味を持ってほしいの。今までどおり、介護技術も大事だけどね。それで今日のことはいいかな？

わかりました。そうそう、サ責はヘルパーと同行するんですよね。私も吉海さんとはなかったけど、早矢仕さんとは結構行きましたね。今回は、吉海さんと同行して、サ責としての初回訪問を覚えなさい、というわけですね？　ああん、またわかんなくなりそう。こってり教えてくださいよぉ、不安だなぁ。

じゃあ、あっさりやるかって、ウソ。大丈夫よ。ウチは特定事業所加算も取っているから、それについての考え方も含めて、初歩から説明するから。入社時にもらった「訪問介護マニュアル」は持ってるわね？　じゃあ持ってきて。

は〜い！

第11章
なぜ初回訪問は
ヘルパーに同行するの?

- 返事はいいんだよな(笑)。じゃあ、まず、初回加算は「新規に訪問介護計画を作成した利用者に対してつく」という要件。これは先のサービス担当者会議で、「訪問介護計画書」の内容に同意してもらったでしょ? これで「訪問介護計画が作成済み」となったわけだから、クリアしたってわけ。

- ふん、ふん。

- 次は特定事業所加算の算定要件の「サービス提供責任者が、訪問介護員等に利用者に関する情報やサービス提供に当たっての留意事項を文書等の確実な方法により伝達してから開始し、サービス提供終了後、適宜報告を受けていること」というやや長い文言について説明するわね。

- おや? もう意味がよくわからなくなってきましたぞぉぉ。

- ふふふ、何、言ってんの。あなた、あの「早矢仕政彦」殿にもやってもらったはず。サ責の彼と、新規の利用者さんのところに行く前に、ヘルパーのあなたに「利用者台帳(基本情報)」や「ケア手順書(指示書)」を見せて、サービス内容や、新規利用者に関して説明してもらったでしょう? それなのよ。簡単に言えば、利用者さん情報をサ責がヘルパーに教えることよ。

- なんだ、それならわかります! 早矢仕さん、聞きやすいんだけど、わかりにくくて(笑)。それを聞かなきゃ、仕事になりませんもの。

- でもね、指定基準で求められているレベルは、「確実に内容を伝達し、適宜報告を受けたこと」を明文化、つまり記録として残しておかなければダメなのよ。

- ええっ! 何ですと?

- 利用者さんに訪問介護サービスを提供するためには、「訪問介護計画書」の作成が義務づけられ、それに沿ってサービスが提供される。提供された内容は、すべて介護記録として残されていなければならないのよ。もし、これがなかったり不完全だと、監査があったら、介護報酬の返還や、その他の処分がないこともない。処分の基準があまりはっきりしていないけど、記録を残しておけばね。これは加算だけではなく、介護報酬を得るための必要要件ってわけ。

- そりゃ、怖いですね。特定事業所加算を取るためにも、その時に「したこと」を記録に残しておかなければいけませんね。

- そうそう。あなた、だいぶわかってきたじゃない! 早矢仕さんよりサ責の素質があるわよ(笑)。

❶ 介護報酬を知ろう

　介護報酬とは、事業所が利用者（要介護者または要支援者）に介護サービスを提供した場合に、その対価として支払われる報酬を言います。介護報酬は、介護サービス種類ごとに、サービス内容または要介護度、事業所・施設の所在地等に応じた平均的な費用を勘案して決定することになっています。この介護報酬の基準額は、厚生労働大臣が社会保障審議会（介護給付費分科会）の意見を聞いて定めるものです。

❷ 初回加算を知ろう

　これは、サ責について、特に労力のかかる初回時の対応を評価されて、はじめてサ責の働きに対してつけられた介護報酬です。

初回加算　200単位／月

　内容は、新規に訪問介護計画書を作成した利用者に対して、初回もしくは初回に実施した訪問介護と同月内に、サ責が、自分で訪問介護を行う場合、または他のヘルパーが訪問介護を行う際、サ責が同行訪問した場合に加算されます。なお、サ責がヘルパーに同行した場合は、その旨をサービス提供責任者ノート（経過記録）に記録する必要があります。

「算定要件等」
・過去２か月（暦月）以内に訪問介護のサービス提供を受けていない場合に算定できます。
・サ責が同行した場合、サ責がそのサービス提供時間中を通して滞在する必要はありません。状況を確認したうえで、途中で現場を離れた場合でも算定可能としています。

第11章
なぜ初回訪問は
ヘルパーに同行するの?

　また、同一月内で複数の訪問介護事業所が算定することも可能で、介護予防訪問介護でも算定可能です。

❸ 特定事業所加算を知ろう

イ　特定事業所加算（Ⅰ）　所定単位数の20％を加算
次に掲げる基準のいずれにも該当すること。

❶　訪問介護事業所のすべてのヘルパー等に対し、ヘルパー等ごとに研修計画を作成し、当該計画に従い、研修（外部における研修を含む。）を実施または実施を予定していること。

❷　次に掲げる基準に従い、訪問介護が行われていること。
　⑴　利用者に関する情報もしくはサービス提供に当たっての留意事項の伝達または訪問介護事業所におけるヘルパー等の技術指導を目的とした会議を定期的に開催すること。
　⑵　訪問介護の提供に当たっては、サ責が、当該利用者を担当するヘルパー等に対し、当該利用者に関する情報やサービス提供に当たっての留意事項を文書等の確実な方法により伝達してから開始するとともに、サービス提供終了後、担当するヘルパー等から適宜報告を受けること。

❸　訪問介護事業所のすべてのヘルパー等に対し、健康診断等を定期的に実施すること。

❹　緊急時等における対応方法が利用者に明示されていること。

❺　訪問介護事業所のヘルパー等の総数のうち介護福祉士の占める割合が100分の30以上または介護福祉士、実務者研修修了者ならびに施行規則第22条の23第1項に規定する介護職員基礎研修課程を修了した者（以下「介護職員基礎研修課程修了者」という。）および1級課程を修了した者（以下「1級課程修了者」という。）の占める割合が100分の50以上であること。

❻　訪問介護事業所のすべてのサ責が3年以上の実務経験を有する介護福祉士または5年以上の実務経験を有する実務者研修修了者もしくは介護

129

職員基礎研修課程修了者もしくは1級課程修了者であること。ただし、指定居宅サービス等基準第5条第2項の規定により1人を超えるサ責を配置することとされている事業所においては、常勤のサ責を2名以上配置していること。

❼　前年度または算定日が属する月の前3月間における利用者の総数のうち、要介護状態区分が要介護4および要介護5である者、日常生活に支障をきたすおそれのある症状もしくは行動が認められることから介護を必要とする認知症（介護保険法（平成9年法律第123号。以下「法」という。）第5条の2に規定する認知症をいう。）である者ならびに社会福祉士及び介護福祉士法施行規則（昭和61年厚生省令第49号）第1条各号に掲げる行為を必要とする者（当該指定訪問介護事業所が社会福祉士及び介護福祉士法（昭和62年法律第30号）附則第20条第1項の登録を受けている場合に限る。）の占める割合が100分の20以上であること。

ロ　特定事業所加算（Ⅱ）　所定単位数の10％を加算
　　イの❶から❹までに掲げる基準のいずれにも適合し、かつ❺または❻のいずれかに適合すること。

ハ　特定事業所加算（Ⅲ）　所定単位数の10％を加算
　　イの❶から❹までおよび❼に掲げる基準のいずれにも適合すること。

❹ 生活機能向上連携加算を知ろう

　平成24年度の改定で新たについた加算です。まず、サ責が指定訪問リハビリテーション事業所の理学療法士、作業療法士または言語聴覚士の行う訪問リハに同行して、理学療法士等と共同で、利用者の身体状況等を評価します。その上で、生活機能の向上を目的とした訪問介護計画書を作成し、理学療法士等と連携して訪問介護計画書に基づいた訪問介護を行った場合の加算。

生活機能向上連携加算　100単位

第11章
なぜ初回訪問は
ヘルパーに同行するの？

　初回の当該指定訪問介護が行われた日の属する月以降3か月間、1か月につき所定単位数が加算されるものです。今後、サ責にも有意義な加算と言えるかも知れませんね。

❺ 加算に必要な帳票を整備しよう

　ここで加算の妥当性を証明できる帳票類を著者の視点で点検します。

❶訪問介護計画書
　初回訪問よりも前に、「訪問介護計画書」が作成されているもの。
❷オリエンテーションシート（➡p.132 図11-1）
　利用者の「居宅サービス計画書・利用者台帳（基本情報）・訪問介護計画書・ケア手順書（指示書）等」を利用者本人に説明し、担当ヘルパーの署名をもらい、利用者台帳に綴じておく記録物。
❸同行訪問（OJT：On the Job Training）シート（➡p.133 図11-2）
　訪問介護員と同行したときには、オン・ザ・ジョブ・トレーニング（仕事を通しての業務指導）の一環としてとらえ、同行記録を研修記録に残すもの。
❹訪問介護記録
　誰が初回訪問をしたのかを明らかにするもの。
❺サービス提供責任者ノート（経過記録）
　ヘルパーに対してオリエンテーションや、初回訪問や同行訪問を行ったことを記録として残すもの。

図11-1 オリエンテーションシート

利用者氏名	様		
実施日	年　　月　　日		
訪問予定日	年　　月　　日		
オリエンテーション内容　□初回オリエンテーション 　　　　　　　　　　　　□計画変更に伴うオリエンテーション			
説明方法（用いた書類にすべて○をつける）		留意事項	
□居宅サービス計画書 □基本情報（フェイスシート） □訪問介護計画書 □ケア手順書（指示書） □その他			
以上、説明を受けました。　　訪問介護員名＿＿＿＿＿＿＿＿＿＿＿＿＿　印			

（出典：佐藤ちよみ編著『改訂新版　よくわかり、すぐ使える訪問介護計画書のつくりかた』日本医療企画、2006）

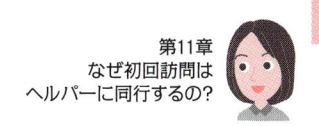

図11-2　OJT シート

OJT シート　　平成 24 年 1 月 16 日	利用者名　吉永いつか様
氏名　土屋千雪　　目標　ケア手順の点検ができる。	同行者名　吉海

サービス内容　身体介護1　　8：00～8：30
　　　　　　　モーニングケア（起床介助・排せつ介助・移動介助・朝食準備・整容）

内容	時間	実際に行ったこと
事業所へ寄る	7：40	ヘルパーステーションに寄り、吉海さんと合流。
吉永さん宅に着く	8：00	インターホンを押しカギをあけていただき、中に入る。本日は娘さん在宅、娘さんと本人にあいさつする。
ポータブルトイレ掃除	8：05	ポータブルトイレの掃除を行う。ポータブルトイレを所定の位置に置く。
車いす介助	8：10	手洗いを済ませる。車いすをベッドサイドへ移動し、点検する。車いすへの移乗を見守る。
上着衣の交換	8：15	本人が自分で着たい洋服を指示し、準備。着替えは自分で行う。
排せつ介助	8：20	トイレに移乗介助を行い、下着衣の交換を行う。排せつ終了後、立位介助。下着衣を上げる。車いすへの移乗介助。手洗いを済ませて外へ出る。
朝食準備　記録する	8：30	見守る。介護記録を記入する。
事業所へ戻る	9：00	

学んだこと・質問等

今回は、事前訪問・サービス担当者会議などで同行していたことにより、顔見知りになっていたこともあり、本人・娘さんとも快く迎えてくれたと思われた。サービス担当者は、部屋の間取りや、ケア手順をよく理解していないと、限られた時間ですべての内容を行うのは難しい。また、初回訪問時において、ヘルパーへの丁寧な説明の必要を感じた。また、吉海さんは、ケアの必要物品等を取り扱いながら、体調を伺ったり、担当者会議後の変化の有無を尋ねていた。私は自分の仕事に夢中になると、話ができなくなる傾向があるので、できるだけ話すように心がけたい。

評価

サービス提供責任者は、現場にあったサービス内容を組み立てなければなりません。土屋さんは、ポータブルトイレの片付け、車いすの点検方法なども、手順通りにできていました。笑顔であいさつができ、「お元気ですか？」という体調確認もできていましたね。以後も自分のしている事に自信を持ち、ヘルパー指導を行いましょう。
　　　　　　　　　　　　　　　　　　　　　　　　　　　　　　　（吉海）

第12章

モニタリングと実績報告って何をするの？

> **サービス提供責任者への道（その13）**
> ❶ モニタリングの趣旨を理解する
> ❷ モニタリングとその評価を理解する
> ❸ 実績報告書のまとめ方を理解する

モニタリングはめんどくさい？

　吉海さんによる土屋さんとのスーパービジョンも、はや3か月を迎えようとしています。新米サ責の土屋さんも、だいぶサ責らしくなってきました。

吉海さん：あなたもだいぶサ責の仕事に慣れてきたわね。今日はモニタリングの流れについて理解してもらうわ。さっそくだけど、10時からの吉永さん宅のケアに同行してもらうから、そのつもりで。

土屋さん：はいはい、お願いしますぅぅぅ！　ふう、吉永さんか。邦光さんが担当になったんでしたよね。吉海さんと、初回訪問に行ったけど、私が行ったのはあの初回訪問と担当者会議だけ。ケアには入ってないから、覚えていないかも〜？

　ふつうはそうね。でも、あなたある意味インパクトが強烈だから、忘れようがないかも（笑）。その吉永さん、ずいぶんお元気になられて、お話も少しずつできるようになってるわよ。トイレでの立位も安定してるしね。

　そうですか！　それはよかった！　でもインパクトってどういうことですの？

　ははは、褒めたんじゃない！

　土屋さんは、吉海さんと話しながら、吉永さんについてあれこれ思い出しながら、吉永さん宅に向かいました

　お邪魔しまーす！　吉海と土屋、入らせていただきまぁす‼

吉永さん：あらぁびっくり！　早いわ。うん？　ツチヤさん！

　正解。はい、土屋です。こんにちは！　覚えてくれましたかぁ、うひゃ〜感激ですぅぅぅ！

第12章 モニタリングと実績報告って何をするの?

🧑 忘れられません。大きな声(笑)。いいわ〜。

👩 ありがとうございます!

🧑 いきなりですが、ウチの邦光の働きぶりはいかがですか?

👵 クニミツ? いつもの人? ええ、いいわ。

👩 娘さんから伺ってますか? 今日はお話に伺わせていただきました。

👵 ああ、なんか言ってたわね。いいわ、何?

👩 はい、貴重なお時間を恐縮です。本日は「モニタリング」に伺わせていただきました。

👵 ええ、もんみゃきにゃ?

👩 いえ、モニタリングです。初め(事前訪問時)にお話ししましたように、私たちのサービス(訪問介護)が、吉永さんにお渡しした計画書の内容に沿って、どれくらい目標達成ができているかいないか。吉永さんと娘さん(利用者およびその家族)にどのくらいご満足いただいているかいないかを話していただき、評価することが、この制度で義務づけられているのです。こちらへのサービスも3か月を過ぎましたので、一度お話を伺いたく、参上したというわけです。

👵 なんだか、めんどくさい。……でもいいわ、短めでね。

👩 はい。では……。

　吉海さんは吉永さんにわかりやすい言葉を選び、誤解を招かないよう言葉に配慮して、訪問の趣旨を再度説明しました。土屋さんは、横で指示されたとおり、モニタリング項目の内容に沿って情報を集めました。

　モニタリング終了! その後、土屋さんはケアに入り、吉海さんはあいさつをして吉永さん宅を後にしました。

❶ モニタリングの趣旨を理解する

これは、monitoring(モニタリング)、すなわち、monitor の進行形です。一般的には、監視する・記録することを言いますが、この場合はサービス行為の効果を「測る」ことです。

では、訪問介護で何を測るのかというと、指定基準および「指定介護予防サービス等の事業の人員、設備及び運営並びに指定介護予防サービス等に係る介護予防のための効果的な支援の方法に関する基準」(以下、介護予防指定基準)で下記のように定められています。

> **指定基準第24条　訪問介護計画の作成**
> ５　サービス提供責任者は、訪問介護計画の作成後、当該訪問介護計画の実施状況の把握を行い、必要に応じて当該訪問介護計画の変更を行うものとする。

> **介護予防指定基準第39条　指定介護予防訪問介護の具体的取扱方針**
> 九　サービス提供責任者は、介護予防訪問介護計画に基づくサービスの提供の開始時から、少なくとも１月に１回は、当該介護予防訪問介護計画に係る利用者の状態、当該利用者に対するサービスの提供状況等について、当該サービスの提供に係る介護予防サービス計画を作成した指定介護予防支援事業者に報告するとともに、当該介護予防訪問介護計画に記載したサービスの提供を行う期間が終了するまでに、少なくとも１回は、当該介護予防訪問介護計画の実施状況の把握(モニタリング)を行うものとする。

つまり、モニタリングとは、
❶訪問介護計画書の実施状況
❷利用者の状態
❸サービスの提供状況等
を測り、その変化の有無を記録し、報告することを言います。

第12章
モニタリングと実績報告って
何をするの？

◆効果的なモニタリングを実施するためには

　このように、訪問介護の実施前と、実施後の変化を測ることをモニタリングと言います。つまりサービス提供の前から、その状況が十分に把握されていないと、効果的なモニタリングはできません。

　再び「アセスメント表」の項をご覧ください（➡p.96〜97 図8-2）。以前は、アセスメント記録は、「全介助」「一部介助」「半介助」「見守り」などと評価し、そこへ○（マル）印などをつけていくものが主流でした。

　しかし、たとえば「全介助」だけでは、本人の状況を見た（聞いた）者にしか、実際の状態はわかりません。現在は、利用者の状況を「見れば」把握できるように、その状態を文章として記録しています。文章化することにより、ここを読めば利用者の状態の微妙な変化を把握することができるのです。

　次に、p.98〜99 図8-3を見てください。ここにはケア手順を抜粋して掲載しています。このケア手順を書く時に、本人等の「していること」「できること」「できないこと」を細分化することにより、サービスの提供状況が把握しやすくなります。さらに、介護行為のみを羅列した訪問介護計画書ではなく、どの行為を、どのくらいの時間をかけて援助するのかが、具体的に記載されている訪問介護計画書を作成することによって、訪問介護計画書の実施状況を把握することができるのです（➡p.110〜113 図9-3）。

　なお、「モニタリングの記録」については、各事業所で様式を工夫していることでしょう。サ責は、モニタリングの結果を記録し、保管することが求められています。各事業所で作成されたマニュアルに沿って記録を残しましょう。

　この際、モニタリング様式を作って満足するのではなく、経過記録に「モニタリング実施状況」なども併せて記載し、サ責の行動を記録として残しておくことも必要です。

❷ モニタリングとその評価を理解する

　モニタリングとは、測ること。つまり、利用者の現状を把握することが目的です。評価というのは、そのモニタリング結果を見て、状況の推移を見定めることを指しています（➡p.141 図12-1）。

　評価には、「改善・維持・悪化」という言葉が使われています。改善や悪化という状況は、通常誰が見てもわかりますから問題ないと思いますが、重要なのは「維持している」という視点も必要なことです。訪問介護の専門家であるヘルパーが、適切な援助を提供し、利用者の健康状態が維持されている限り、急激な変化を避けられる場合もあります。

　この際に「特変なし（特に変化なし）」では、せっかくの援助が評価されていません。こんな時、ぜひ「維持」しているという評価を書きましょう。

> **モニタリング結果を受けた評価の視点**
> ❶利用者の目標の達成状況はどうか。
> ❷現在の生活で新たな困りごとが発生していないか。
> ❸事業所に対する要望の有無についてはどうか（満足度）。
> ❹病気に対して新たに注目することはないか。
> ❺生活機能の評価はどうか（心身機能／身体構造・活動・参加）。

❸ 実績報告書のまとめ方を理解する

　ケアマネは、利用者へのサービス提供が確定すると、利用者ごとに当該月の「居宅サービス計画書」に沿って、毎月、利用票および利用票別表を作成します。これに連動して、サービス提供事業所に対しては、「サービス提供票」（➡p.142 図12-2）および「サービス提供票別表」（➡p.143 図12-3）を作成します。

　この提供票と提供票別表は、ケアマネが、月初めまでに各サービス事業所に配付します。サ責はこれを参照して、ヘルパー派遣の日程を組むことにな

図12-1　モニタリング表

平成24年　3月　20日　　氏名　吉永いつか　様　　　担当　土屋千雪

(1) 訪問介護計画書の目標の達成の度合いについてはどうなっているか。
　　「居宅サービス計画書」の目標。
　　長期目標：他者に手伝ってもらい生活リズムを整えたい。
　　短期目標：①夜間の自力での排せつ行為が維持できる。
　　　　　　　②日中の車いすでの活動を継続できる。
　　介護目標：本人のしていること、できることは、自分で継続し、生活リズムが維持
　　　　　　　できるように援助する。
　　結　果：改善　㊞維持㊞　悪化
　　特記（本人がしていること、できることが維持できている。　　　　　　　　　）

(2) 現在の生活で困っていたり、また新たな困りごとがないか。
　　結　果：ある　㊞ない㊞　特記（　　　　　　　　　　　　　　　　　　　　　）

(3) 訪問介護は、訪問介護計画書に沿って提供されているか。
　　結　果：㊞いる㊞　いない　特記（　　　　　　　　　　　　　　　　　　　　）

(4) 事業所に対する要望はないか。
　　結　果：㊞ある㊞　ない　特記（3人のヘルパーで現状維持をお願いしたい。　）

(5) 病気に対して新たに注目することはないか。
　　結　果：ある　㊞ない㊞　特記（　　　　　　　　　　　　　　　　　　　　　）

(6) サービス内容に満足しているか。
　　結　果：㊞満足㊞　不満足　特記（　皆さん親切で優しくしてくれています。　）

(7) 生活機能について評価する。
　　　　心身機能・構造：改善　㊞維持㊞　悪化
　　　　特記（　安定している。　　　　　　　　　　　　　　　　　　　　　　　）
　　　　活　動：改善　㊞維持㊞　悪化
　　　　特記（以前よりトイレでの立位が安定してきたが、介助は必要。　　　　　）
　　　　参　加：改善　㊞維持㊞　悪化
　　　　　特記（掃除・洗濯・調理は意欲の向上がみられるが見守り的援助は必要。）

(8) サービス担当者会議を開催する必要があるかどうか。
　　結　果：必要がある　㊞必要が無い㊞

特記事項
調理に対して、支援開始直後に、ケアマネからのすすめで、福祉用具のカタログから選んだ自助具を購入し、できる作業が増えたとのこと。

図12-2 サービス提供票

認定済　・申請中　　　　分　サービス提供票　　　　居宅介護支援事業所→サービス事業所

保険者番号		保険者名		居宅介護支援事業者事業所名 担当者名		作成年月日	平成　年　月　日
						利用者確認	
被保険者番号		フリガナ 被保険者氏名		保険者確認印		届出年月日	平成　年　月　日
生年月日	明・大・昭　年　月　日	性別	男・女				
要介護状態区分等	1　2　3　4　5	区分支給限度基準額	単位／月	限度額適用期間	平成　年　月から 平成　年　月まで	前月までの短期入所利用日数	日
変更後 要介護状態区分等 変更日	1　2　3　4　5 平成　年　月　日						

提供時間帯	サービス内容	サービス事業者事業所名	月間サービス計画及び実績の記録																																
			日付	1	2	3	4	5	6	7	8	9	10	11	12	13	14	15	16	17	18	19	20	21	22	23	24	25	26	27	28	29	30	31	合計回数
			曜日																																
			予定																																
			実績																																
			予定																																
			実績																																
			予定																																
			実績																																
			予定																																
			実績																																
			予定																																
			実績																																
			予定																																
			実績																																

第12章 モニタリングと実績報告って何をするの?

図12-3 サービス提供票別表

ります。サ責は、この時にその月の提供票に記載されている「サービス提供予定の日程」に間違いがないかを確認します。特に注意が必要な点は、利用者が「短期入所生活介護」を利用する場合に、「訪問介護」のサービス提供がお休みになるという日程等です。

　サ責が、サービス提供票を見て、疑問がある時には速やかに担当のケアマネに確認してください。もし、訂正が生じた場合は、新しい提供票と提供票別表を必ず出してもらいましょう。なお、利用者宅に置かれているサービス利用票は、サービスの実施記録ともなりますので、ヘルパーには、援助終了後には該当する箇所へ「1」の数字を記載するように指導しましょう。

ⓐ 実績報告は毎月行う

　サ責は、月末には、ヘルパーの活動報告書あるいは、先の利用票などを回収して、サービス提供票に実績記録を記載します。この時に注意が必要なのは、❶サービス提供時間と曜日を照合すること、❷サービス提供時間を照合すること、❸サービス内容について差異がないかを照合することです。特に、サービス提供時間や、サービス内容に差異がある場合には、介護報酬にも差異が発生することになるので注意しましょう。

ⓑ 実績報告は月初めに送る

　居宅介護支援事業所は、毎月10日までに、国保連(国民健康保険団体連合会)に、給付管理票を提出しなければなりません。そこで、サービス提供事業者には、月末・月初めに、速やかな実績報告が求められるのです。

　サ責(訪問介護事業所)は、居宅介護支援事業所ごと、あるいはケアマネごとに提供者をまとめて、実績報告書と一緒に送付しましょう。

ⓒ 提供票の差異がわかるように報告する

　利用者の状況によってサービス時間が延長、あるいは短縮した場合、また、サービス内容に差異が生じた場合には、そのことがわかるように、変化があった提供票が識別できるように印などをつけて送付します。

第13章

介護事故における現状把握と対応法

> **サービス提供責任者への道（その14）**
> ❶ 介護事故とは何かを理解する
> ❷ 事故処理の手順と対応法を周知させる
> ❸ 事故対応マニュアルを作成する

●「事件」はとつぜん起こった

　それは、吉永さん宅に行っているはずの邦光さんから入った1本の電話から始まりました。

土屋さん：お電話ありがとうございます！　ひらめき訪問介護事業所・土屋です！　はい？　邦光さん？　お疲れさまでーす。どうしたんですか？

邦光さん：お疲れさまです。土屋さん？　実は、その……、いま吉永さんのお宅なんですが、実は、先ほど……私……。

土屋さん：吉永さん宅で、いったい何が？

邦光さん：先ほどトイレ誘導を行ったんですよう。その、私、トイレの外に出て……洗い物をしに行っちゃったんです。そしたらトイレで吉永さん、床に座り込まれて……。

土屋さん：ひゃ～、座り込んだってことは、転倒ってことですよねぇ……。ふうう。邦光さん、うまくやってたのにぃ。ちょっと待ってね。（受話器の口をふさぎ）あのう、邦光さんから吉永さんが転倒しましたって……。

吉海さん：ああ、邦光さん？　お疲れさま、吉海です。

邦光さん：吉海さん。すみません、私……そのう……。

吉海さん：その前にあなたは大丈夫なの？　まず、落ち着こうよ。……どう、少しは落ち着けた？　なら、今はどんな状況かを教えてくれる？

邦光さん：吉永さん、手すりをつかんだまま、ずり落ちちゃった……らしいんです。今は、便座に座っていただいています。とりあえず、事務所に連絡を、と思いまして。

吉海さん：そうね、だいたいわかったわ。吉永さんご自身はどう？　座り込んだ時にどこかで身体を打ったとか、痛みがあるかは仰ってない？

邦光さん：はい。吉永さんはどこも痛くはないと仰ってます。私が手すりをしっかりつかまなかったからとも仰ってくださってますが、私は……。

146

第13章
介護事故における
現状把握と対応法

そう、まずは良かった。邦光さん、今は気持ちを切り替えてちょうだい。あなたにそのまま、援助を続けてほしいの。できる？

はい。吉海さんの声を聞いたら、落ち着けました。ああ、吉永さんがお呼びですので行きます。

お願いね。あと、援助が終わったら、会社の携帯で連絡をくれる？　うんうん、待ってるから。大丈夫、大丈夫。心配しないで。

はい。わかりました。ではまた。

　　しばらくすると、再び電話が入りました。

ありがとうございます！　こちら……、ああ、邦光さん？　吉海よ。

……援助が終了しました。

そう、お疲れさま。じゃあ、ちょっと吉永さんに代わっていただける？

はいはい、吉永ですよ。

吉海です。お世話になっております。電話で誠に失礼いたします。先ほど、弊社の邦光から「トイレで、吉永さんを転ばせてしまった」という連絡がありました。誠に申し訳ありませんでした。吉永さん、その時にどこか身体を打たれませんでしたか？　痛みなどはありませんか？

ええ、大丈夫。ちょっと座り込んだだけ。転ばせたなんて、大袈裟（笑）。手すりをつかめなくてね。彼女をしかっちゃ可愛そうよ。

お心遣いありがとうございます。重ねて申し訳ありませんでした。吉永さんがご無事と伺えてひと安心です。でも、心配ですので、お話を聞きにこれから伺ってもよろしいですか？　はい、ありがとうございます。では、今から20分くらいで伺います。重ね重ね申し訳ございません。（途中で邦光さんに代わる）ああ、邦光さん、今から私がそちらに……。

147

❶ 介護事故とは何かを理解する

　「ひらめき訪問介護事業所」で起きた今回の介護事故は、幸いにも大事には至らなかったようです。しかし、事故は事故。曖昧な対処法をとっていると、再び繰り返すだけではなく、もっと大きい事故へとつながる可能性もあり、気を抜いてはいけません。そもそも、介護事故とは、どのような状態を指すのでしょうか（➡p.150 表13-1）。

　以下、この章では、「介護事故」と「介護過誤」をあわせて、「介護事故」と称します。

❷ 事故処理の手順と対応法を周知させる

　指定基準では下記のように規定されています。

> **指定基準第37条　事故発生時の対応**
> 1　指定訪問介護事業者は、利用者に対する指定訪問介護の提供により事故が発生した場合は、市町村、当該利用者の家族、当該利用者に係る居宅介護支援事業者等に連絡を行うとともに、必要な措置を講じなければならない。

　いわゆる「介護事故」等の事故が発生した場合には、程度に応じて、市町村、利用者の家族および居宅介護支援事業者等に速やかに連絡し、必要な措置を考えます。事故が起きた時にあわてないように、事故対応のしくみ（マニュアル）を作成し、緊急時にも対応できるように整備しましょう。

> 2　指定訪問介護事業者は、前項の事故の状況及び事故に際して採った処置について記録しなければならない。

　発生した事故に対しては事故報告書を作成しなければなりません。事故報告書には、事故の状況や、処置方法について記録します。この時に、担当者

が記入もれを起こさないように、必要な記録項目を網羅してある「書式」を作成しておく必要があるでしょう。

都道府県や市町村によっては、苦情および事故報告書のひな型を提示しているところもあるので、自分の事業所のある自治体に問い合わせておくのもよいでしょう。

> 3　指定訪問介護事業者は、利用者に対する指定訪問介護の提供により賠償すべき事故が発生した場合は、損害賠償を速やかに行わなければならない。

サ責として、自分が働く訪問介護事業所の損害賠償等、賠償にかかる内容については、管理者等と確認し合い、その知識を持ち、理解を深めておくほうがよいでしょう。もちろん、事故や事件等を極力起こさない努力が必要なのは言うまでもありません。

多くの訪問介護事業所では、この「苦情を受け付けるための窓口」は、サ責がその任にあたっています。もし、窓口がわからない場合は、利用者と結んだ「契約書」および「重要事項説明書」を見て確認しておきましょう。記載がなければそれは明らかな書類の不備ですから、サ責は管理者に誰が窓口であるのかを必ず確認しておきましょう。

◆事故処理の手順
❶事故内容を把握する（必要時には、「事故対応マニュアル」を参照）。
❷関係機関へ報告する（利用者家族・ケアマネ・市町村）。
❸実態を把握する（介護事故報告書を作成）。
❹利用者等に事故報告書を提示し、対応方法について了承を得る。
❺市町村へ事故報告書を提出することを説明し、同意を得る。
❻再発防止策を講じる（起きた事故報告書をもとに、事業所内研修を行う）。

表13-1　介護事故関連用語の整理

【介護事故】
　介護福祉士、ホームヘルパー、ケアワーカーなど、いわゆる介護サービス提供側の行為によって利用者にもたらされる「身体的・精神的・物理的・経済的」被害をいう。具体的には、以下の❶～❹を指す※。
❶利用者のケガ。
❷利用者およびその介護者の精神的負担の増加。
❸利用者(宅)における物品の破損。
❹そのことによる、経済的負担の増加。

【介護過誤】
　「介護事故」のうち、サービス提供者側に過失がある場合を「介護過誤」という。たとえば「利用者の急変に気づきながらも適切な対応をとらなかった場合」や「買ってきた品物を介護サービス提供者側の不注意により破損させた場合」などが含まれる。

【介護紛争】
　「介護過誤」ばかりではなく、サービス提供者側に過失がない「介護事故」であっても、利用者自身の誤解や、介護サービスに関する介護サービス提供者側と利用者側との食い違いから生じた、両者の間で起こる争いのことを言う。

【介護裁判】
　「介護紛争」のうち、裁判所に訴訟が提訴されたケースのことを言う。

※介護サービス提供者側に過失がある場合のみならず直接的な過失がない場合も含まれる。たとえば「交通事故」は事故を起こした側に過失がある場合も、ない場合でも被害を受けた人がいる場合には「事故」になる。「介護事故」もサービス提供者側に過失があってもなくても、利用者に何らかの「ダメージ」が発生すれば、それは「事故」となり、その中で明らかに介護サービス提供者側に過失がある場合の介護事故は「介護過誤」となる。

第13章 介護事故における現状把握と対応法

③ 事故対応マニュアルを作成する

ⓐ 事故処理の方法

　事故は起こさないにこしたことはありません。しかし、起きてしまった場合、初動時の対応が、その後の事故処理にも大きく影響を与えます。

　解決がスムーズに進むか、長期化するかの分かれめとなるのです。サ責は、事態を真摯に受け止め、速やかに対応するように心構えを持ちましょう。

　介護事故は、利用者に一度不信感を持たれてしまうと、問題が拡大化しがちです。時間をかければかけるほど、利用者の身体的被害や精神的被害、物的被害、経済的被害は増加し、事業所が受けるダメージも大きくなると心得ておきましょう。

ⓑ 現状把握（事実確認）

　サ責および管理者等は、「事故」が表面化したら、速やかに事実確認を行います。特に事故を起こしたヘルパーからの報告で、身体的被害がおおよそ想定できますので、速やかに現場へと駆けつけましょう。

　利用者の安全確保と状況確認。担当のヘルパーの精神的動揺を抑えます。業務の継続の可否等を判断し、適時な処置、アドバイス、謝罪を行います。

　事故内容によっては、利用者に「わざわざ来なくてもいい」と言われる場合もあります。しかし、このような場合（今回と同じような軽微と判断されるもの）でも、サ責は丁重に「現状確認（事実確認）」の必要性を説明し、同意を得たうえで、夜間の緊急連絡先を確認し、遅くとも翌日には利用者宅へ出向きましょう。今回も翌日でも可能な範囲ですが駆けつけられるなら、当日がよいことは言うまでもありません。

　いずれにせよ、訪問の際はサ責の視点を持ち、利用者宅で行う事実を把握する場合は「いつ・どこで・誰が・誰に対して・何が（何を）・どのようになった」のか。また、「なぜ、そのことが起きてしまったのか」を明確にしましょう。

図13-1　介護事故報告書

事故報告書

■報告者名：　邦光道子　　　　　　　　　　　報告日：平成24年　3月27日
■事故発生日時：　平成24年　3月26日（月）　17：00～17：30
■事故発生場所：　吉永いつか様宅のトイレ内
■事故発生までの経過とその後の対応：

時刻	内容
17：00	入室。本人に体調確認を行う。通所リハビリで張り切って訓練したら、手足が痛いとのお話。手足に触れ、痛み具合・程度を伺うも「筋肉痛」とのこと。
17：05	食事を温めて提供。
17：18	トイレ誘導「トイレがすんだら呼ぶから待っていて」との依頼を受ける。
17：19	食器を片付けていると、トイレ方面から助けを呼ぶ声が聞こえ、トイレに入室。 本人がトイレの床に尻もちをついた。 まず、足の位置を安定させ、手すりにしっかりつかまることを促し、腰をあげて便座に座っていただき、座位の安定をはかった。引き続き排せつのために本人をトイレに残し、外で待機。
17：23	待機中、ヘルパーの携帯電話から事業所へ連絡、指示を仰ぐ。
17：25	再び本人より排せつ終了の合図を受け、入室。痛みを再確認するが、痛みの訴えはない。
17：30	ベッドへ移乗し、車いすを片付けて、ポータブルトイレをセットする。
17：33	業務終了後、再び事業所へヘルパーの携帯電話から連絡。吉海が本人から聞き取りを行い、訪問し謝罪。

■発生理由（なぜ事故が発生したのか）
　①本人から「トイレがすんだら呼ぶから待っていて」との依頼があったので、外にいて、トイレの中に一緒に入り、移乗の見守りを行わなかった。
　②この頃、立位が安定してきていたことにより、「見守りは必要ない」という自己判断を行った。
　③流し台の汚れが気になっていたこともあり、早く食器を片付けてシンク内を掃除したいという気持ちもあったため、掃除を優先し、見守りを省いてしまった。
■再発防止策
　①に対しては、ケア手順では「便座への移乗動作は自力でできるので、そばに付き添い、一連の行為がうまくでき、転ばないように、本人に注意を促しながら、移乗を見守る。」とあった。本人が、「自分でできる」といっても、ケア手順を変更しない限りは、手順に沿って援助を実施すること。

> ②に対しては、立位の安定度および見守りの必要性については、通所リハビリのPTの評価に応じ、支援方法を適応させると取り決めてあるので、「見守りが必要ない」というPTの評価が出るまでは見守り介助を変更せずに実施すること。
> ③に対しては、流し台の汚れなど、室内の清掃で気になる部分に対しては「掃除」の支援の予定が組まれている日に集中させて、掃除を行うようにすること。
>
> ■事故解決日
> 　事故当日の平成24年3月26日、吉海が吉永さん宅を訪問。痛み等の確認を行い、謝罪する。電話での聞き取りと同様に異常なしとのこと。ご本人にはトイレ内の見守りの必要性を改めて説明を行い、トイレ内の見守りに関する同意を得た。
>
> 以上　　　　　　　　　　　サービス提供責任者（確認）　　吉海　満子　㊞

　この時、利用者はもちろん、ヘルパーに対しても、尋問や叱責にならないように、言葉遣いには注意をしましょう。また、当該ヘルパーと事実確認をする場合には、サ責は、他の職員達から、当該ヘルパーのプライバシーを保護できる場所にて面談を行い、事実確認を行いましょう。

　事故を起こしてしまったヘルパーの気持ち（心）に寄り添いつつ、介護事故を時系列に明確に記載します。また、その事故が「なぜ」起きてしまったのかを考える時には、1つの理由だけで安心せず、今考えられた理由は「なぜ」起きたのか。さらにもう1回「なぜ」その理由が起きたのかを尋ねることも重要です。そのような関わりの中から、当該ヘルパーから、「実は○○○でした」という真の原因が出てくることもあるからです。

　余談になりますが、「ヒヤリハット」と「介護事故」の区別がついていない事業所がたくさんあります。「ヒヤリハット」とは、いわゆる事故には至っていないものの、その一歩手前で未然に防いだ事例を言います。今回の邦光さんの事例はもちろん、「介護事故」です。でも、第三者評価等で、「ヒヤリハット」事例を見せていただくと、そのほとんどは「介護事故」でした。まだまだ管理者の認識が甘いのかも知れませんね。

第14章

苦情に対応する

サービス提供責任者への道（その15）
❶ 苦情とは何かを考える
❷ 苦情処理の本質を理解する
❸ 苦情処理の進め方を理解する

それは「ヒヤリハット」ではありません

吉海さん：お電話ありがとうございます。ひらめき訪問介護事業所・吉海でございます。ああ〜、吉永さんの娘さんですか？　いつもお世話になっております。先だってはうちの邦光がご迷惑をおかけしました。

娘さん：こちらこそ、お世話になっております。いえ、迷惑だなんて。……はい、皆さんのお力で助かっております。母も少しずつではありますが、会話もできるようになってきました……、ただ……。

ただ……どうしました？

ええ、ちょっと言いにくいのですが。昨日はお休みですから、母のところへ掃除に行ったんですよ、はい。その時にタンスの中の衣類の入れ替えをしたのですが……。

……何かあったんですね？

はい。たたんである衣類の中に……、縮んだセーターが1着出てきたんです。

縮んだセーター？　ううん。もちろん、お母様のってことですよね？

ええ、私が去年、母の誕生日に贈ったものなんで間違いありません。

はぁー、そうでしたか……。それで娘さん、その件に関してお母様にご確認なさいましたか？

はい。すると「私は洗濯しないからわからない。はじめて知ったわ。いつそうなったかはわからない」と言われました。

ふう。そうですか。そうですよね。洗濯はウチで担当させていただいておりますからね。おそらくウチのヘルパーがその件に関わっていると考えるのが自然でしょう。そうでしたか。お2人にはまた不愉快な思いをさせてしまいました。まずはお詫びいたします。

第14章 苦情に対応する

> いえ、お詫びだなんて……。

> 申し訳ありませんでした。それで今回の対応としましては、まず、本日、夕方のケアに私・吉海がヘルパーと同行し、お母様から詳しくお話を伺わせていただきます。また、お母様のケアに関わっているヘルパーの話を聞いたのち、後日、娘さんとお母様に報告し、弁済などのお話をさせていただきたいと思います。まずはその流れでよろしいでしょうか？

> はい、でも弁済は結構ですよ。

> それは後日にご相談とさせてください。現在5名のヘルパーが交替で伺っております。各ヘルパーから事情を聞き、その件の確認から始めます。とりあえず、この件は苦情として対応させていただきますが、よろしいでしょうか？

> いやいや、苦情だなんて！ 母もお世話になっておりますし、大ごとにしたくありません。ただ、もし、ヘルパーさんに原因があるならば、今後こういうことがないように気をつけていただきたいと思うのです。

> お気遣いありがとうございます。わかりました。では、この件はこれ以上、お2人に不愉快な思いやご迷惑がかからないよう、処理させていただきます。邦光の件といい、今回は誰なのかは確定しませんが、またこのような問題を起こしまして、なんとお詫びを申し上げてよいことやらわかりません。しばしお時間をください。本日はご連絡いただき、ありがとうございました。

> はい。この件は吉海さんにお任せしますので、よろしくお願いします。

　吉海さんは、まず、今日の午後のケアを担当する梶さんから事情を聴きました。そのうえで、会社としての対応方針を検討・決定し、吉永さん宅へ同行。ケア前にお時間をいただき、吉永さんから事故の聞き取りを行いました。

157

❶ 苦情とは何かを考える

ⓐ 苦情の定義

　苦情とは、「サービスを受けた人（サービスを購入したお客様）が、受けたサービスに対して、何らかの不満足な状況に遭遇し、その状況に対して、お客様からの不満足の表明があった場合」を言います。

　対人援助をする人々が気をつけるべきことは、「訴えた人から話を聞いた時に、こちらには、そのような態度や行動をとったつもりがなくても、相手がその対応に不平不満を感じてしまった場合は、その対応が苦情の原因になることもある」という認識を持って対応するということです。また、苦情処理の目的には、訪問介護事業所の提供するサービスの質（知識や技術）の向上につなげるということがあります。

ⓑ 今回の対応

　ひらめき訪問介護事業所では、娘さんからの連絡を「苦情」として取り扱うことにしました。ヘルパーの洗濯で「セーターが縮んでしまった」のであれば、この件は「介護事故」にあたります。問題はその事故が「起きていた」にもかかわらず、ヘルパーからの報告がなかったことにあります。

　その結果、一定の期間の経過後に、それに気づいたご家族からの連絡で発覚したのです。この時のご家族（娘さん）の気持ちはどうだったでしょう。

　「いつ、誰が、どういうやり方でそうなった（縮ませた）のか？　なぜそのヘルパーは気がつかなかったのか？　気づいていても放っておいたのかも」と思ったことでしょう。

　サ責は、このような連絡があった場合は、まず相手の心情を思いやり、その内容を「苦情」として受け止め、相手の立場に立った「苦情処理」を心がけましょう。

❷ 苦情処理の本質を理解する

　利用者からの苦情は、早い段階で対応し、速やかに改善に向けて動きましょう。介護保険制度の苦情窓口は、市町村、都道府県にある国保連にも設置されており、利用者は、その窓口を利用することもできます。

　対応のまずさから、市町村や国保連が介入してきた場合には、問題が大ごとになってしまう可能性が高くなります。訪問介護事業者は、利用者からの苦情は真摯に受け止め、大ごとにならないうちに解決するように努めましょう。ここでは、指定基準をひも解いて解説します。

> **指定基準第36条　苦情処理**
> 1　指定訪問介護事業者は、提供した指定訪問介護に係る利用者及びその家族からの苦情に迅速かつ適切に対応するために、苦情を受け付けるための窓口を設置する等の必要な措置を講じなければならない。

　訪問介護事業者は、苦情を受け付ける窓口を設置することが義務づけられています。その窓口は契約書にも明記されていますので、自社では、誰が苦情受付を担当するかを確認しておきましょう。

> 2　指定訪問介護事業者は、前項の苦情を受け付けた場合には、当該苦情の内容等を記録しなければならない。

　苦情受付および苦情報告書は、苦情の内容を記録できるようなスペースを確保して作成しましょう。苦情が発生した場合にはそこに記録します。

> 3　指定訪問介護事業者は、提供した指定訪問介護に関し、法第23条の規定により市町村が行う文書その他の物件の提出若しくは提示の求め又は当該市町村の職員からの質問若しくは照会に応じ、及び利用者からの苦情に関して市町村が行う調査に協力するとともに、市町村から指導又は助言を受けた場合においては、当該指導又は助言に従って必要な改善を行わなければならない。

利用者等は、苦情の申立てを市町村（保険者）に行うことができます。利用者からの苦情を受けて、市町村は、当該事業所に、問い合わせや、文書による質問や、照会および調査を実施します。事業所は、それらの問い合わせに協力すること。そのうえで、市町村からの指導や助言に真摯に対応すること。さらに、指導に沿った改善計画を立てて実施することが求められています。

> **4** 指定訪問介護事業者は、市町村からの求めがあった場合には、前項の改善の内容を市町村に報告しなければならない。

　事業者は、市町村からの指導や助言に従って改善計画を立て、一定期間の中で計画を実行します。そのうえで、改善報告書等を市町村に提出します。本来、この部分は管理者が行う範囲の業務でありますが、サ責も手続きや方法を知っておく必要があるでしょう。

> **5** 指定訪問介護事業者は、提供した指定訪問介護に係る利用者からの苦情に関して国民健康保険団体連合会（国民健康保険法（昭和33年法律第192号）第45条第5項に規定する国民健康保険団体連合会をいう。以下同じ。）が行う法第176条第1項第2号の調査に協力するとともに、国民健康保険団体連合会から同号の指導又は助言を受けた場合においては、当該指導又は助言に従って必要な改善を行わなければならない。

　国民健康保険団体連合会（国保連）は各都道府県に設置されています。苦情は本来、事業者が利用者等と話し合って解決できるのが一番良いのです。しかし、すべての苦情が、スムーズに解決できるとは限りません。
　そこで、国保連では、利用者からの苦情の申立てを受けて、事業者に対して、必要な調査を行います。そこで、事業者にはその国保連が行う調査に協力することと、指導や助言を受けた場合には、それらに従い、必要な改善計画を立てて実行することが求められています。

> **6** 指定訪問介護事業者は、国民健康保険団体連合会からの求めがあった場合には、前項の改善の内容を国民健康保険団体連合会に報告しなければならない。

　また、改善計画を実施した後には、その改善計画の実施報告書等を国保連へ提出しなければならないのです。なお、この処理の責任は管理者が負うべきものです。

　このように、利用者は、その苦情の程度によっては、訪問介護事業所のみならず、市町村や、都道府県に設置された国保連に苦情を申し立てることができます。

　これらは、内容によっては介護報酬の返還等のペナルティにつながる可能性もあります。だからこそ、サ責は、丁寧な対応を行い、苦情を未然に防ぐための配慮が必要となります。

◆**苦情解決に際して行うこと**
❶苦情受付窓口を明確にする。
❷苦情受付記録を残す。
❸苦情受付用紙には苦情の内容を記載し保管する。
❹市町村からの問い合わせがあった場合には、市町村の調査に協力し、助言には従い改善計画を立てる。
❺その改善計画を実施し、改善報告書を市町村に提出する。
❻国保連からの調査に対しては協力し、助言には従い、改善計画書を立てる。
❼その改善計画を実施し、改善報告書を提出する。

　なお、苦情報告書については、保険者がそのひな型を提示しているところもありますので、保険者に問い合わせておきましょう。

※平成24年度の改正では、指定基準第36条の2が追加されました。詳細はp.204を参照ください。

図14-1　苦情報告書

受付日時	平成24年4月23日　10：00	受付者名	吉海満子
申出者　氏名	吉永今日子　様	電　話	090-1234-××××
住　所	〒123-0002　○県○市○○町　△番地		

・苦情内容

事故等発生日時	平成24年4月22日　14：00頃	事故等発生場所	吉永さん宅

状況	❶吉永様の娘さんより電話がある。その内容は、昨日、冬物の衣類と、夏物の衣類の交換をしている時に、縮んだ黄色いセーターを発見。本人にそのセーターを見せ「どうしたのか」と聞いても原因は「わからない」とのこと。洗濯はヘルパーにお願いしているので「セーターが縮んでいた」という事実を伝えたとのこと。 ❷担当しているヘルパーより、「セーターが縮んでしまった」という報告を受けていないことを伝え、午後の援助時間に吉海が同行し、吉永様にお詫びをし、今後の対応策について相談することを娘さんに伝え、了承を得る。
対応	❶セーターは、娘さんが吉永様の誕生日にプレゼントしたものであるとのことから、娘さんの心情に考慮し謝罪する。 ❷午後の援助の時間に吉海が同行し、情報を得る。
結果	❶誕生日に娘さんがプレゼントしてくれたものなので、思い入れも深いが、縮んでしまったのはしかたがない。着ることはできないが、タンスにしまっておきますとのこと。 ❷縮んだセーターについて、同様のセーターの購入および賠償について相談するが、「不要」とのこと。ただ、誰が担当した時に、このようなことが起きたのかわからないので、ヘルパーを追及するようなことはしないでほしいこと。同じようなことが起きないように対策を講じてほしいとの要望であった。

・苦情発生の理由（なぜ苦情が発生したのか）

❶ヘルパーが訪問しているにも関わらず、タンスの中の縮んだセーターに気がつかなかった。
❷洗濯でセーターが縮むことに対する理解に欠け、漫然とセーターを洗濯してしまった。
❸洗濯についての正しい知識や方法を周知させる機会を持たなかった。

・今後の対応

❶ケア手順の統一。
❷事業所内研修にて、洗濯およびその正しい知識や方法を学んでもらう。
❸吉永様宅へ、苦情についての対応策を伝える。

③ 苦情処理の進め方を理解する

　このように、管理者やサ責が「苦情」の取り扱い方や処理方法について、きちんと目的を理解していたとしても、自分たちの提供しているサービスで、苦情が発生した場合には、やはり良い気持ちはしないものです。ましてや、限られた地域内で事業を展開しているのであれば、苦情発生件数は少ないにこしたことはありません。

　とはいえ、苦情が表面化した時に、管理者やサ責が過度に「自己防衛」（自分たちの立場を守る姿勢）や「自己否定」（しかたない面もありますが）という意思表示や態度を見せてしまうと、お客様の心情と大きなずれ（歪み）が生じてしまうかもしれません。その結果、苦情処理が進まず長期化してしまったり、評判が落ちてしまうなどの弊害が出てくることも少なくありません。

　以下は、タイプ別にとらえた苦情処理の対応方法の一例です。自分はどのタイプにあてはまりそうか、あてはまるタイプを見つけてみましょう。そして、そこから有効な対策を講じられるように振る舞ってみてください。

● タイプ別にみる苦情の処理方法

ⓐ 専門性やリーダーシップを発揮するタイプ

　このタイプは、仕事への使命感が強く、几帳面で道徳的。規律を守り、人一倍の努力を惜しみません。その半面、他者に対し、厳格であったり、偏見を持ちやすく、自分の考えを押しつける一面も見られます。

> 例
> ❶「規則だから」といって、正論で相手を打ち負かそうとする。
> ❷ 相手の間違いにこだわり、穏便な解決策へと導けない。
> ❸ 業務や段取りを優先し、その場の雰囲気やコミュニケーションを疎かにする。
> ❹ 解決を急ぎ、相談者の心情に配慮することができない。

対策 特に、**訪問介護には介護保険制度で「できること」「できないこと」があります**。このことから、正論を振りかざして対応してしまうと、相手の気持ちは満たされません。法的な制約があるからこそ、まずは、接遇マナーの向上や、話を聞く姿勢や態度に誠意を見せて対応しましょう。

❺ やさしくて思いやりがあり、人間関係を重視するタイプ

このタイプは、他者との関わりを大事にします。他者への目配りや、周囲への配慮が行き届き、相談に乗ることも上手です。頼まれれば「任せて！」という気持ちも強いですが、感情を強くぶつけてくる相手には、気持ちが萎縮しがちになる一面もあります。

例
❶ 相手が怒っていると、怯えたり、おどおどしたりする。
❷ 中途半端な謝罪や共感を表明してしまい、話が停滞したり、堂々巡りになりやすい。
❸ 明確な解決策を考える能力や表現力が乏しく、相手の苛立ちを誘いやすい。

対策 まず、相手の怒りは「もっともなこと」として冷静に受け止めましょう。そのうえで簡潔に、わかりやすい言葉で相手に伝えるように心がけましょう。管理者等と相談し、相手に「次にどうするか」という明確な筋道を提示できるようにしましょう。

❻ 親分肌で面倒見がよいタイプ

このタイプは、感情表現が豊かで、明るく、自由闊達です。直感力や創造力を持つ人が多く、自発的に行動できますが、物事の判断基準が「好き嫌い」によるという人が多く、感情が抑えにくく、「売り言葉に買い言葉」的な態度をとりがちで、しばしば解決を長引かせる要因になることがあります。

> **例**
> ❶相手の理不尽な要求に対して、感情的になり、しばしば相手と交戦状態に陥ってしまう。
> ❷生活リズムが乱れやすく、自己の感情のコントロールができない。
> ❸「親しみやすい」と「なれなれしい」の違いがわからない。
> ❹解決よりも、自分の勝ち負けにこだわり、効果的な解決法を選べない。

対策 常に礼節あるマナーや行動を心がけます。相手から共感と受容を引き出し、自分の得意とする冷静かつシャープな解決策へと誘導しましょう。

ⓓ 他人を喜ばせたいために、自己犠牲を払っても頑張るタイプ

このタイプは、他者の話をよく聞き、辛抱強く、縁の下の力持ちとして欠かせない存在です。しかし、お客様を尊重し過ぎ、お客様と事業所の間で「どうしよう？」と板挟みにあい、無駄に時を消耗してしまう傾向があります。

> **例**
> ❶相手を尊重し過ぎて「NO」という意思表示や、妥協案を示せない。
> ❷中立的な立場での調整や調停ができない。
> ❸とっさの判断や特殊なケースへの対応ができない。
> ❹煮え切らない対応で、相手をイライラさせてしまう。

対策 管理者と協議し、解決策を考えましょう。完成した解決案は、相手に毅然とした態度で提示しましょう。

ⓔ 客観的で、頭脳明晰・沈着冷静なタイプ

このタイプは、問題解決能力が高く、感情のコントロールが可能で、知的業務に向いています。ただし、人間関係より問題解決を優先しがちなため、クレーム発生時に相手への配慮が欠け、処理を急ぎ、やや事務的になってしまう傾向があります。

例
① 対応が淡々としているため、相手が「自分は軽んじられている」という印象を持ちやすい。
② 会話に、感情移入ができず、言葉遣いや態度に温みが欠けてしまう。
③ 説明は、理路整然としていても、相手に対する共感や受容力に乏しく、相手を受け入れられない傾向がある。
④ 行動力に欠け、訪問が必要な場面になると、初期対応が遅くなりがちである。

対策 はじめに**十分利用者の心情や背景・情報に目を向け、共感的態度を心がけましょう。**そのうえで**論理的な解決法へと導きましょう。**

第15章

サービスの質の向上をめざそう

> サービス提供責任者への道（その16）
> ❶ ヘルパー育成研修を行う
> ❷ 研修に必要な帳票類を理解する
> ❸ 研修の参加者を定着させる

サ責はヘルパーを育成する

　ここまでは、主任サ責が新米サ責を育成するというスタイルで、「サ責の仕事」を案内してきました。いよいよ最終章です。ここでは「事業所内研修」をテーマにヘルパーの育成方法について考えましょう。

土屋さん：あれ？　吉海さん、それって"ヘルパーのテキスト"じゃないんですか？

吉海さん：ええそうよ。この前、吉永さんのセーターを糸川のヤツが縮ませちゃったじゃない。しかも、同じお客さんで邦光さんと立て続けてだからさ。こちらも思い切りへこんだわけよ。だから、ここらで、弛まないように"洗濯"について、ビシッ！　とまた研修会でもやろうと思ったわけよ。

おお、怖っ（笑）。でもなぜ、ヘルパーのテキストを？

そりゃさ、洗濯のしかたを教える時に見せる写真や図版、解説がないかな、って。でもなかなかないもんね。この〇〇社の本がダメなのかな？

そんなのどこでも変わりませんって。でも、たしか……、介護福祉士のテキストにあると思いますが。

あなたこそ、なんでそんなこと知ってるの？

そりゃ、サ責の研修に行ってますもの。先月の講座のS講師が「社会福祉士及び介護福祉士法が変われば、介護福祉士のテキストも内容が変わるから、あなた達先輩介護福祉士も、それぐらい読んでおきなさい」って言われたんですよ。まぁ、とてもとても全巻を買い揃えることはできませんけど（笑）。

へえ、それ自分で買ったんだ？　土屋さん、やる気あんじゃないの！

やる気ある？　失礼な！　プロですもの（笑）。そのS先生、車いすの名称が「アームレスト」から「アームサポート」に変わった、変わったってうるさくて。自分も知らなかったくせに（笑）。でも、新しいヘルパーさんも入ってきて、自分も知らなきゃ、たしかに恥ずかしいですからねぇ……。そうそう、これなん

かどうでしょう？

　その後、土屋さんは、吉海さんのヘルパーへの研修用資料の作成方法を手伝いながら教わりました。

● 図15-1　研修計画票：研修実施計画

（平成24年4月24日作成）

研修日時：平成24年4月27日（金）17：30～19：00	場所：ひらめき訪問介護事業所内
担当者：土屋千雪	講師：吉海満子
研修テーマ：洗濯マークを理解しよう！　～表示マーク別の洗濯手順を学ぶ～	
研修目的：苦情報告を題材にして研修を行う～お客様の衣類を大切に取り扱うためには～	
研修達成目標：洗い方マークを理解する。	
研修方法：⦿講義　実習・その他（　　　　　　　　　　　　　　　）	
事前の準備（使用する物品や教材、会場の手配や準備、予算、受講生に対して…　等） 「介護福祉士のテキスト」より、洗濯マークの読み方を抜粋し、資料を作る。	

時間の目安	研修内容や進め方（できるだけ具体的に記入）
17：30	開会の言葉
17：35	苦情報告の説明
17：45	各自の洗濯の方法を考える。
17：55	グループで内容を共有する。
18：20	話し合った内容を発表する。
18：40	資料に基づいて、洗い方マークを理解する。
19：00	終了（研修報告書の提出日確認）

研修後の対応（受講者のレポート提出、ミニテスト、利用者へのアンケート　等）

管理者確認・コメント：

① ヘルパー育成研修を行う

ⓐ 指定基準

　指定基準の第28条の「管理者及びサービス提供責任者の責務」の中で、サ責の責務として、「訪問介護員等に対する研修、技術指導等を実施すること」とされ、サ責がヘルパーに対する研修や、技術指導を実施することが規定されています。また、第30条「勤務体制の確保等」の中では、ヘルパーの資質向上のために、その研修の機会を確保することが求められています。

> **指定基準第30条　勤務体制の確保等**
> 1　指定訪問介護事業者は、利用者に対し適切な指定訪問介護を提供できるよう、指定訪問介護事業所ごとに、訪問介護員等の勤務の体制を定めておかなければならない。
> 2　指定訪問介護事業者は、指定訪問介護事業所ごとに、当該指定訪問介護事業所の訪問介護員等によって指定訪問介護を提供しなければならない。
> 3　指定訪問介護事業者は、訪問介護員等の資質の向上のために、その研修の機会を確保しなければならない。

　ここでは、訪問介護事業者の、ヘルパーの勤務体制等が定められています。サービスの提供は、訪問介護事業所ごとにその事業所に属するヘルパーによって行われます。そこで訪問介護事業者は、ヘルパーの資質向上のための研修の機会(費用と時間)を作ることが求められます。その結果、訪問介護事業所には、ヘルパーの勤務台帳、研修計画書、研修報告書等など、これらの帳票類が必要になるのです。

ⓑ 介護保険法：介護サービス情報の公表制度

　介護保険制度は、サービスの利用者自らが介護サービス事業者を選択し、契約によりサービスを利用する制度です。しかし、利用者がサービスを利用する際に、必要とされるサービスに関する情報が不足していることから、介

護保険法に基づき、2006（平成18）年4月からすべての事業者に対して、介護サービスの内容や運営状況に関する情報を公表することが義務づけられました。この制度では、都道府県知事に対して、介護サービス情報の「事実確認調査」を行うこと、その結果を含めた介護サービス情報の公表を義務づけています。この事実確認調査の中で、事業所内で行う研修について、必要な研修項目例をあげて事実確認がなされます。そこで、管理者およびサ責は、事実確認調査の内容をチェックし、あらかじめ求められる研修例を含めた研修計画を立てる必要があるでしょう。

　研修には、下記のような種類がありますが、この中でサ責が担う研修は、主にOJTということになります。

　研修には、オン・ザ・ジョブ・トレーニング(On the Job Training：OJT)と、オフ・ザ・ジョブ・トレーニング(Off the Job Training：OFF-JT)とがあります。

　OJTは日本語ではよく「職場内訓練」と言われているものです。訪問介護事業所の場合は、サ責がヘルパーに同行し、利用者宅で一連のサービスを一緒に行いながら、指導することを言います。ちなみにOFF-JTは、事業所内外での研修やセミナーに参加し、業務方法の確認や、技術や能力の向上を図り、より高度な専門性を育成する機会を与えることを言います。

　本来は、事業所内研修はOJTに含まれるものでしょう。一方、OFF-JTは、地域にある訪問介護事業所連絡会が開催する研修や、社会福祉協議会など、公共機関等が開催する外部研修を言います。

❷ 研修に必要な帳票類を理解する

　次に示すのは、研修計画に必要な帳票の例です。

ⓐ 採用者別年間計画表（➡ p.174 図15-2）

　多くの訪問介護事業所では、不定期的に人材を採用せざるをえません。そ

のために、在職年数と経験年数、また職員の年齢との間のバランスがとれなくなりがちです。管理者は、ヘルパーの採用時期と経験に応じて、採用時研修・3か月研修・6か月研修・1年研修など、特に採用後1年間は、きめ細やかな研修制度を構築しておく体制やしくみ（マニュアルと帳票）を作っておくことが、戦力の平準化の第一歩と言えるでしょう。

ⓑ 事業所内研修年間計画表（➡p.175 図15-3）

　ヘルパー全体の質の向上をめざすのであれば、年度ごとで「事業所内研修の年間計画」を策定する必要があるでしょう。各月で研修名を決め、講師・日時・場所を明確にします。年間計画（予定）を作成したら、事業所内に掲示し、ヘルパーにも周知させましょう。

ⓒ 事業所内研修参加表（➡p.176 図15-4）

　ヘルパーの氏名（あるいは個人情報保護の観点であれば、記号やマークをつけ、各月ごとに参加状況を「〇」「×」で示します。もちろん、ヘルパーによっては、正当な理由で参加できない場合もあるかもしれません。参加できない場合には、「レポート提出も可」とするなど、研修への参加方法にも幅を持たせ、「×」マークが少なくなり、所内の士気が上がるように配慮・工夫しましょう。

ⓓ 研修記録（➡p.177 図15-5）

　事業所内で研修を実施したという記録です。これには、研修の実施日・参加者（参加者名簿があれば参加人数も）を記載します。また、研修テーマとその内容、資料がある場合には「資料参照」と記載しましょう。最後に質疑応答があれば記載します。質疑応答内容は、次年度の研修計画を作成する際のヒントになります。

ⓔ 研修報告書（➡p.178 図15-6）

　これはヘルパーが個別に記録するものです。ヘルパーの氏名と研修テーマ

を書き、次に参加する目的を書いて、「参加して気づいたこと・考えたこと」を書きます。また、次回参加したい研修名や目的まで記入したら、評価者（管理者やサ責＝研修担当者等）に提出します。その後、評価者が日頃の働きも含めて、本人宛にコメントやメッセージを書いて返すのが効果的でしょう。ヘルパーは戻された記録に目を通し、研修用のバインダーに各人が保管しておきます。

❸ 研修の参加者を定着させる

　法的根拠を見れば、訪問介護事業所は、ヘルパーに対して何らかの「研修の機会」を提供する必要があることがわかるでしょう。しかし、実際にヘルパーは様々な理由で研修に参加しない（できない）のが悩みの種でもあります。まずは、ヘルパーが研修に参加しやすい「しくみ」の構築が急務となるでしょう。

ⓐ 事業所内研修の定期開催化を表明する

　まず、人材の募集要綱に「事業所内研修に参加すること」を義務づけて、明記しましょう。採用時には、事業所内研修の存在やキャリアパス制度についても説明しておきましょう。

ⓑ 会社業務用の研修記録等をまとめるバインダーを配布する

　通常、訪問介護事業所は、計画的なヘルパー育成を考えています。その際に研修の講師が配った資料は、必要に応じて研修後も読み返せるように分類して保管しましょう。事業所としては、ヘルパー自身に研修用のバインダーを配布し、資料・研修報告書を保管させるのがよいでしょう。

図15-2 採用者別年間計画表

年間計画表

氏名	4月	5月	6月	7月	8月	9月	10月	11月	12月	1月	2月	3月
A	入社		3か月研修			6か月研修						
B				入社			3か月			6か月		
C						入社		3か月			6か月	

【採用時研修】会社の理念・職業倫理・就業規則・マナーについて　1日（午前：サービス提供責任者が対応・午後：所長が対応）
【3か月研修】今の自分の自己評価・会社の理念・職業倫理　半日（午前中：サービス提供責任者対応）
【6か月研修】今の自分の自己評価・今後の目標について　半日（午前中：所長が対応　試用期間が終了するので雇用するかどうか働き続けるか相談）

● 図15-3　事業所内研修年間計画表

4月	5月	6月	7月	8月	9月
尊厳の保持について 講師 　○×さん 時間 場所	食事介助の方法	排せつ介助の方法	入浴介助の方法	移動介助の方法	車いすの押し方
10月	**11月**	**12月**	**1月**	**2月**	**3月**
緊急時の対応	前回の苦情から	感染症について	介護保険法について	ヒヤリハットから	事例検討

※研修名は（案）です。

図15-4　事業所内研修参加表

参加者名簿

年度	4月	5月	6月	7月	8月	9月	10月	11月	12月	1月	2月	3月
職員氏名												
中山　△子	○											
筒井　□雄	レポート											
山田　○美												
笹丘　×男	○											
参加合計												
レポート合計												

図15-5 研修記録

年	研修記録
参加者	以上　／　名
テーマ	講師　　　　氏
	内容
	質疑・応答

図15-6　研修報告書

　　　　　　　　　　　　　　　　　　　　　　　　　氏名　岡部 涼子

定期・臨時（事故・㊤苦情・その他（　　　　　）	平成24年4月27日

テーマ	洗濯マークを理解しよう！ 〜表示マーク別の洗濯手順を学ぶ〜
参加する目的	・洗濯の支援方法について知識と技術を深める。 ・衣服についている洗濯マークの意味を理解する。
気づいたこと 考えたこと	1　衣類の素材によっては、色落ちや縮み、変形など、思わぬトラブルが発生するので、衣類の素材については、マークをよく見て洗濯方法を考慮する。 2　洗濯にはプロセス（汚れを意識する）がある。 　汚れたものを着替える（汚れものを出す）➡水洗いかドライクリーニングかの仕分けをする➡白いもの・色落ちするものとに分け、ポケットの中に忘れ物などが入っていないかを確認してから洗濯機に入れる➡使用する洗剤を選んで適切な量の洗剤を入れる➡洗濯機のコースを設定してスイッチを入れる➡終了を確認後、洗濯機から出して干す➡乾いたら取り込む➡たたむ➡整理して収納する。 3　洗濯の支援では、本人が、何らかの方法で参加することができないか配慮する必要がある。
次回の研修へ 参加する目的	今回は臨時研修のため記載不要。
評価	今回の研修は、苦情「セーターが縮んだ」を受けて研修を開催しました。洗濯は常日頃自分でもしていることなので、専門的な知識や技術をないがしろにしやすい分野だったかもしれません。しかし、資料にもあったように、ヘルパーとして、生活援助に対する介護技術を高めることが必要です。今回の気づきをいかして活動してください。　　吉海

（資料：介護福祉士養成講座編集委員会編『新・介護福祉士養成講座⑥ 生活支援技術Ⅰ』中央法規出版、2009）

資料

指定居宅サービス等の事業の人員、設備及び運営に関する基準

●指定基準の内容を理解しよう

　指定基準には、「訪問介護事業者は……」「訪問介護事業所は……」という"主語"がはっきりしない、責任の所在がはっきりしない記述がみられます。そのはっきりしない記述の中において、これは「サービス提供責任者（サ責）」の業務か、サ責に関連があると考えられるものには☐に「✓（チェック）」で印をつけました。

　もちろん、☑印がついていないところはサ責に関係ないというわけではありません。組織の規模によって、すべての内容が業務となり、責務となる場合もあるのです。自分で事業所を立ち上げてサ責をしている人は☑印がついていない部分も業務や責務となるでしょう。

　一度、該当する指定基準を読みながら、自分がしていることや、これからすることになる部分はどこなのか？　自分でマークをつけてみることをお勧めします。

●訪問介護　基本方針

> **（基本方針）**
> **第4条**　指定居宅サービスに該当する訪問介護（以下「指定訪問介護」という。）の事業は、要介護状態となった場合においても、その利用者が可能な限りその居宅において、その有する能力に応じ自立した日常生活を営むことができるよう、入浴、排せつ、食事の介護その他の生活全般にわたる援助を行うものでなければならない。

☑　訪問介護の事業を行うための基本方針である「その有する能力に応じ自立した日常生活を営むことができるよう」とは、介護保険の基本理念の"自立支援"ですから、重要なポイントとして押さえておきましょう。

資料

◉ 訪問介護　人員に関する基準

（訪問介護員等の員数）
第５条　指定訪問介護の事業を行う者（以下「指定訪問介護事業者」という。）が当該事業を行う事業所（以下「指定訪問介護事業所」という。）ごとに置くべき訪問介護員等（指定訪問介護の提供に当たる介護福祉士又は法第８条第２項に規定する政令で定める者をいう。以下この節から第４節までにおいて同じ。）の員数は、常勤換算方法で、2.5以上とする。

　　ヘルパー（訪問介護員）の員数についてその数が規定されています。訪問介護事業所を開設するためには、介護福祉士またはヘルパーの有資格者が、その事業所が定めた常勤換算方法で、2.5人以上いる必要があります。もちろん、法第８条の「法」は介護保険法のことです。

２　指定訪問介護事業者は、指定訪問介護事業所ごとに、常勤の訪問介護員等のうち、利用者（当該指定訪問介護事業者が指定介護予防訪問介護事業者（指定介護予防サービス等の事業の人員、設備及び運営並びに指定介護予防サービス等に係る介護予防のための効果的な支援の方法に関する基準（平成18年厚生労働省令第35号。以下「指定介護予防サービス等基準」という。）第５条第１項に規定する指定介護予防訪問介護事業者をいう。以下同じ。）の指定を併せて受け、かつ、指定訪問介護の事業と指定介護予防訪問介護（指定介護予防サービス等基準第４条に規定する指定介護予防訪問介護をいう。以下同じ。）の事業とが同一の事業所において一体的に運営されている場合にあっては、当該事業所における指定訪問介護及び指定介護予防訪問介護の利用者。以下この条において同じ。）の数が40又はその端数を増すごとに１人以上の者をサービス提供責任者としなければならない。この場合において、当該サービス提供責任者の員数については、利用者の数に応じて常勤換算方法によることができる。

181

☐ 訪問介護事業者は、訪問介護事業所ごとにサ責を置かねばなりません。サ責は前3か月の利用者数の平均が40人またはその端数を増すごとに1人以上(41人でも2人)の者をサ責として置かねばなりません。なお、新規事業所の場合は、利用者の推定数を見越して配置する必要があります(平成25年3月末までは、従前の配置でも可能)。

> 3　前項の利用者の数は、前3月の平均値とする。ただし、新規に指定を受ける場合は、推定数による。

> 4　第2項のサービス提供責任者は介護福祉士その他厚生労働大臣が定める者であって、専ら指定訪問介護に従事するものをもって充てなければならない。ただし、利用者に対する指定訪問介護の提供に支障がない場合は、同一敷地内にある指定定期巡回・随時対応型訪問介護看護事業所（指定地域密着型サービスの事業の人員、設備及び運営に関する基準（平成18年厚生労働省令第34号。以下「指定地域密着型サービス基準」という。）第3条の4第1項に規定する指定定期巡回・随時対応型訪問介護看護事業所をいう。以下同じ。）又は指定夜間対応型訪問介護事業所（指定地域密着型サービス基準第6条第1項に規定する指定夜間対応型訪問介護事業所をいう。）に従事することができる。

> 5　指定訪問介護事業者が指定介護予防訪問介護事業者の指定を併せて受け、かつ、指定訪問介護の事業と指定介護予防訪問介護の事業とが同一の事業所において一体的に運営されている場合については、指定介護予防サービス等基準第5条第1項から第4項に規定する人員に関する基準を満たすことをもって、前各項に規定する基準を満たしているものとみなすことができる。

資料

☑ 現在、訪問介護事業者として指定を受けている事業者が、指定予防訪問介護事業者となる場合には、人員に関する基準は満たしているものとみなされます。第3項と第4項は平成24年度の指定基準の改正で新たに盛り込まれました。

（管理者）
第6条 指定訪問介護事業者は、指定訪問介護事業所ごとに専らその職務に従事する常勤の管理者を置かなければならない。ただし、指定訪問介護事業所の管理上支障がない場合は、当該指定訪問介護事業所の他の職務に従事し、又は同一敷地内にある他の事業所、施設等の職務に従事することができるものとする。

☐ 管理者には、サ責のように資格要件はありません。管理者は、訪問介護事業所の管理上支障がない場合は、他の職務に従事したり、同一敷地内の施設等の職務に従事することができます。つまり、専任である必要がないということです。だからこそ、サ責に任命されたならば、その組織の管理者との職務権限・責任の範囲を明確にし、その事業所におけるサ責の業務や責務内容を把握しておく必要があるのです。

●訪問介護　設備に関する基準

（設備及び備品等）
第7条 指定訪問介護事業所には、事業の運営を行うために必要な広さを有する専用の区画を設けるほか、指定訪問介護の提供に必要な設備及び備品等を備えなければならない。
2　指定訪問介護事業者が指定介護予防訪問介護事業者の指定を併せて受け、かつ、指定訪問介護の事業と指定介護予防訪問介護の事業とが同一の事業所において一体的に運営されている場合については、指定介護予

> 防サービス等基準第7条第1項に規定する設備に関する基準を満たすことをもって、前項に規定する基準を満たしているものとみなすことができる。

☐　訪問介護事業所は、事業の運営を行うために必要な広さをもっている専用の区画を設けること、サービス提供に必要な設備や備品を備える必要があります。ただし、訪問介護と介護予防訪問介護が一体的に運営されていれば、その事業を同一区画で行っても良いとされています。

●訪問介護　運営に関する基準

（内容及び手続の説明及び同意）
第8条　指定訪問介護事業者は、指定訪問介護の提供の開始に際し、あらかじめ、利用申込者又はその家族に対し、第29条に規定する運営規程の概要、訪問介護員等の勤務の体制その他の利用申込者のサービスの選択に資すると認められる重要事項を記した文書を交付して説明を行い、当該提供の開始について利用申込者の同意を得なければならない。

☑　訪問介護事業者は、訪問介護サービスの提供開始に際し、あらかじめ、利用者や家族に対して、そのサービスを選ぶことが検討できる材料を提供して選択するか否かを考えていただき、契約に関する重要事項を記した文書を渡して、説明し、契約の同意を得ます。ここで注意が必要なのは、「訪問介護事業者」が行うことになっていますが、この役割を誰が担うのか「誰か？」は書かれていないということです。しかし、後に出てくる第28条「管理者及びサービス提供責任者の責務」を見ると、サ責が「利用者の状態の変化やサービスに関する意向を定期的に把握すること。」とあります。であれば、上記の行為は「サービス提供責任者」が行わざるを得ないことになります。

資料

2　指定訪問介護事業者は、利用申込者又はその家族からの申出があった場合には、前項の規定による文書の交付に代えて、第5項で定めるところにより、当該利用申込者又はその家族の承諾を得て、当該文書に記すべき重要事項を電子情報処理組織を使用する方法その他の情報通信の技術を利用する方法であって次に掲げるもの（以下この条において「電磁的方法」という。）により提供することができる。この場合において、当該指定訪問介護事業者は、当該文書を交付したものとみなす。

一　電子情報処理組織を使用する方法のうちイ又はロに掲げるもの
　イ　指定訪問介護事業者の使用に係る電子計算機と利用申込者又はその家族の使用に係る電子計算機とを接続する電気通信回線を通じて送信し、受信者の使用に係る電子計算機に備えられたファイルに記録する方法
　ロ　指定訪問介護事業者の使用に係る電子計算機に備えられたファイルに記録された前項に規定する重要事項を電気通信回線を通じて利用申込者又はその家族の閲覧に供し、当該利用申込者又はその家族の使用に係る電子計算機に備えられたファイルに当該重要事項を記録する方法（電磁的方法による提供を受ける旨の承諾又は受けない旨の申出をする場合にあっては、指定訪問介護事業者の使用に係る電子計算機に備えられたファイルにその旨を記録する方法）
二　磁気ディスク、シー・ディー・ロムその他これらに準ずる方法により一定の事項を確実に記録しておくことができる物をもって調製するファイルに前項に規定する重要事項を記録したものを交付する方法

3　前項に掲げる方法は、利用申込者又はその家族がファイルへの記録を出力することによる文書を作成することができるものでなければならない。

4　第2項第1号の「電子情報処理組織」とは、指定訪問介護事業者の使用に係る電子計算機と、利用申込者又はその家族の使用に係る電子計算機とを電気通信回線で接続した電子情報処理組織をいう。

5　指定訪問介護事業者は、第2項の規定により第1項に規定する重要事項を提供しようとするときは、あらかじめ、当該利用申込者又はその家族に対し、その用いる次に掲げる電磁的方法の種類及び内容を示し、文書又は電磁的方法による承諾を得なければならない。
一　第2項各号に規定する方法のうち指定訪問介護事業者が使用するもの
二　ファイルへの記録の方式

6　前項の規定による承諾を得た指定訪問介護事業者は、当該利用申込者又はその家族から文書又は電磁的方法により電磁的方法による提供を受けない旨の申出があったときは、当該利用申込者又はその家族に対し、第1項に規定する重要事項の提供を電磁的方法によってしてはならない。ただし、当該利用申込者又はその家族が再び前項の規定による承諾をした場合は、この限りでない。

□　非常にわかりにくい表現ですが、重要事項説明書等を、パソコンなどの「電子情報処理組織」を活用してやりとりをする際の注意事項が記載されています。パソコンに限らず、FAXなどでも、機器を使う場合には、個人情報の保護、情報の双方向性の問題、保管や消去のルールなど、気をつけなければならないことは多いのです。

（提供拒否の禁止）
第9条　指定訪問介護事業者は、正当な理由なく指定訪問介護の提供を拒んではならない。

☑ これは、訪問介護事業所が事業所都合で、利用者を選択してはいけないということです。当たり前のことですよね。

(サービス提供困難時の対応)
第10条　指定訪問介護事業者は、当該指定訪問介護事業所の通常の事業の実施地域(当該事業所が通常時に当該サービスを提供する地域をいう。以下同じ。)等を勘案し、利用申込者に対し自ら適切な指定訪問介護を提供することが困難であると認めた場合は、当該利用申込者に係る居宅介護支援事業者への連絡、適当な他の指定訪問介護事業者等の紹介その他の必要な措置を速やかに講じなければならない。

☑ もし、事業所都合でサービス提供が不可能な状態になった場合は、まず担当のケアマネに連絡することと、他の訪問介護事業所等の紹介等、利用者の意向に沿って、必要な情報提供をするなどを速やかに行う責任があります。

(受給資格等の確認)
第11条　指定訪問介護事業者は、指定訪問介護の提供を求められた場合は、その者の提示する被保険者証によって、被保険者資格、要介護認定の有無及び要介護認定の有効期間を確かめるものとする。

☑ 介護保険制度は、利用者が要介護認定(要支援認定)を受け、要介護度が確定していないと、サービスを利用することができません。病院を受診する場合、毎月医療被保険者証の提示を求められますが、同様にサービスを提供する事業所は、利用者の被保険者証によって、要介護認定の有無と有効期間を確かめなければならないのです。介護保険も「毎月」確認することになっていますが、実際は……どうでしょうか。確認方法としては、初回はサ責が行い、ゆくゆくは担当ヘルパーにお願いしても良いと考えられます。

2 指定訪問介護事業者は、前項の被保険者証に、法第73条第2項に規定する認定審査会意見が記載されているときは、当該認定審査会意見に配慮して、指定訪問介護を提供するように努めなければならない。

✓ 利用者の被保険者証には、介護認定審査会の意見を記載するスペースがあり、そこに介護認定審査会の意見が記載される場合があります（リハビリなど主に医療系のサービスの優先指示が多い）。もし、利用者の被保険者証に意見が書かれている場合は、その内容に配慮したサービス提供が優先されなければならないでしょう。下記に、介護認定審査会の意見について解説しておきます。

　介護認定審査会では、要介護認定の審査・判断結果を市町村に通知する時に、下記の⑴⑵について意見を述べることができるとなっています。

⑴要介護状態の軽減または悪化の防止のために必要な療養に関する事項
⑵サービスの適切かつ有効な利用等に関する留意事項

　また、意見があった場合には、ケアマネが作成する居宅サービス計画書⑴に転記されているので担当のケアマネの意見を求めたり、サービス担当者会議でその他のサービスと注意事項等を確認する必要があります。

（要介護認定の申請に係る援助）
第12条　指定訪問介護事業者は、指定訪問介護の提供の開始に際し、要介護認定を受けていない利用申込者については、要介護認定の申請が既に行われているかどうかを確認し、申請が行われていない場合は、当該利用申込者の意思を踏まえて速やかに当該申請が行われるよう必要な援助を行わなければならない。
2　指定訪問介護事業者は、居宅介護支援（これに相当するサービスを含

む。）が利用者に対して行われていない等の場合であって必要と認めるときは、要介護認定の更新の申請が、遅くとも当該利用者が受けている要介護認定の有効期間が終了する30日前にはなされるよう、必要な援助を行わなければならない。

☑ 訪問介護事業者は、訪問介護サービスの提供を開始する時に、「要介護認定を受けていない利用者」に対しては、「要介護認定の申請済みか否か」を確認し、申請が行われていない場合でも、利用者等の意思を踏まえたうえ、要介護認定の申請ができるように援助します。これは更新申請の場合も同じです。利用者等が、訪問介護事業所に相談に来た場合も、要介護認定の申請はもちろん、介護保険が遡って給付されるため、申請前でも１割負担で利用できること、審査結果によっては費用が変わる旨も説明のうえ、同意を得て、必要な支援や援助を行う必要があります。

（心身の状況等の把握）
第13条 指定訪問介護事業者は、指定訪問介護の提供に当たっては、利用者に係る居宅介護支援事業者が開催するサービス担当者会議（指定居宅介護支援等の事業の人員及び運営に関する基準（平成11年厚生省令第38号）第13条第９号に規定するサービス担当者会議をいう。以下同じ。）等を通じて、利用者の心身の状況、その置かれている環境、他の保健医療サービス又は福祉サービスの利用状況等の把握に努めなければならない。

☑ 訪問介護サービスを提供する場合は、定期的に「サービス担当者会議」に参加して、利用者の状態や環境、他のサービス等の利用状況の把握に努めましょう。ここにも「誰が出席するのか（すべきなのか）」が明記されていませんが、サ責には、訪問介護計画書を作成する業務がありますので出席しなければなりませんね。もちろん、担当のヘルパーも出席できます。

(居宅介護支援事業者等との連携)

第14条　指定訪問介護事業者は、指定訪問介護を提供するに当たっては、居宅介護支援事業者その他保健医療サービス又は福祉サービスを提供する者との密接な連携に努めなければならない。

2　指定訪問介護事業者は、指定訪問介護の提供の終了に際しては、利用者又はその家族に対して適切な指導を行うとともに、当該利用者に係る居宅介護支援事業者に対する情報の提供及び保健医療サービス又は福祉サービスを提供する者との密接な連携に努めなければならない。

☑　訪問介護サービスを提供するに当たって、居宅介護支援事業者や、その他のサービスを提供する担当者と密接な連携が必要です。また、訪問介護サービス提供の終了時には、利用者等に対して、適切な指導(アドバイス)を行い、居宅介護支援事業者に対しては必要な情報の提供と、他のサービスを提供する人々とも、密接な連携を図ります。これがサ責の業務なのです。

(法定代理受領サービスの提供を受けるための援助)

第15条　指定訪問介護事業者は、指定訪問介護の提供の開始に際し、利用申込者が介護保険法施行規則(平成11年厚生省令第36号。以下「施行規則」という。)第64条各号のいずれにも該当しないときは、当該利用申込者又はその家族に対し、居宅サービス計画の作成を居宅介護支援事業者に依頼する旨を市町村に対して届け出ること等により、指定訪問介護の提供を法定代理受領サービスとして受けることができる旨を説明すること、居宅介護支援事業者に関する情報を提供することその他の法定代理受領サービスを行うために必要な援助を行わなければならない。

☐　サ責は、利用者が訪問介護事業所に直接サービス提供の相談に来た場合には、介護保険制度を利用するためには、居宅サービス計画書が必要であり、それはケアマネに居宅サービス計画書を作成依頼するか、自分で

作ることも可能なことを伝えます。通常は、同意を得てケアマネに居宅サービス計画書の作成依頼をすることを、事前に市町村へ申し出ます。また、要介護認定を受けた高齢者が自ら作成した居宅サービス計画書(マイケアプラン)を市町村へ届け出て、受理された場合に受けることができます。居宅サービス計画書の作成の手段についての相談にのり、必要に応じて、利用者等に居宅介護支援事業所の情報を提供します。

> **(居宅サービス計画に沿ったサービスの提供)**
> 第16条　指定訪問介護事業者は、居宅サービス計画(施行規則第64条第1号ハ及びニに規定する計画を含む。以下同じ。)が作成されている場合は、当該計画に沿った指定訪問介護を提供しなければならない。

☑ ケアマネが作成する居宅サービス計画書はもちろん、先の第15条を受けて、マイケアプランが作成されている場合には、その計画に沿った訪問介護を提供することが書かれています。

> **(居宅サービス計画等の変更の援助)**
> 第17条　指定訪問介護事業者は、利用者が居宅サービス計画の変更を希望する場合は、当該利用者に係る居宅介護支援事業者への連絡その他の必要な援助を行わなければならない。

☑ サービス提供が始まってから、利用者から、居宅サービス計画書内容の変更希望があった場合、ケアマネへ連絡するなどの必要な援助を行います。

（身分を証する書類の携行）

第18条 指定訪問介護事業者は、訪問介護員等に身分を証する書類を携行させ、初回訪問時及び利用者又はその家族から求められたときは、これを提示すべき旨を指導しなければならない。

☑ 訪問介護事業者は、ヘルパーに身分証明書を携行させて、利用者等が希望する場合には身分証明書を提示するように指導せよということです。これはヘルパーのマナーに関することなので、ヘルパーの質の管理を行うサ責がやるべきでしょう。

（サービスの提供の記録）

第19条 指定訪問介護事業者は、指定訪問介護を提供した際には、当該指定訪問介護の提供日及び内容、当該指定訪問介護について法第41条第6項の規定により利用者に代わって支払を受ける居宅介護サービス費の額その他必要な事項を、利用者の居宅サービス計画を記載した書面又はこれに準ずる書面に記載しなければならない。

2 指定訪問介護事業者は、指定訪問介護を提供した際には、提供した具体的なサービスの内容等を記録するとともに、利用者からの申出があった場合には、文書の交付その他適切な方法により、その情報を利用者に対して提供しなければならない。

☑ サービス提供の記録について2つ示されていますね。1つは、給付管理について。ケアマネから渡されるその月の提供票などを用いて、居宅サービス費の額等を記載する必要があります。もう1つは、サービス提供の際、具体的なサービス内容を記録することです。そのうえで、利用者に対しては、その求めに応じた、情報の提供のしくみを整えましょう。

（利用料等の受領）

第20条 指定訪問介護事業者は、法定代理受領サービスに該当する指定訪問介護を提供した際には、その利用者から利用料の一部として、当該指定訪問介護に係る居宅介護サービス費用基準額から当該指定訪問介護事業者に支払われる居宅介護サービス費の額を控除して得た額の支払を受けるものとする。

2　指定訪問介護事業者は、法定代理受領サービスに該当しない指定訪問介護を提供した際にその利用者から支払を受ける利用料の額と、指定訪問介護に係る居宅介護サービス費用基準額との間に、不合理な差額が生じないようにしなければならない。

☑ ケアマネから毎月送付されてくる「サービス提供票」に準じたサービスの提供と、利用者から受け取る1割の額と、保険者に請求する額において「不合理な差額」を発生させてはいけない。つまり、値引き等はできないということです。

3　指定訪問介護事業者は、前2項の支払を受ける額のほか、利用者の選定により通常の事業の実施地域以外の地域の居宅において指定訪問介護を行う場合は、それに要した交通費の額の支払を利用者から受けることができる。

☑ 各訪問介護事業所の運営規定にもよりますが、利用者に対して、訪問介護を行う際に要した交通費の支払いを受けることは可能です。

4　指定訪問介護事業者は、前項の費用の額に係るサービスの提供に当たっては、あらかじめ、利用者又はその家族に対し、当該サービスの内容及び費用について説明を行い、利用者の同意を得なければならない。

☑ 契約時には重要事項説明書やパンフレット等を用いて、利用できるサービス内容と費用について利用者に説明します。それを受けて利用者等から了承印をいただきます。訪問介護サービスには、身体介護と生活援助の2種類があり、それぞれ単価が違います。提供する時間によっても費用に差異が出ますので、利用者等に説明する際には、わかりやすい説明を行いましょう。

（保険給付の請求のための証明書の交付）
第21条　指定訪問介護事業者は、法定代理受領サービスに該当しない指定訪問介護に係る利用料の支払を受けた場合は、提供した指定訪問介護の内容、費用の額その他必要と認められる事項を記載したサービス提供証明書を利用者に対して交付しなければならない。

☑ その月の居宅サービス計画書が、利用者の支給限度額を超えて、その費用徴収をした場合には、訪問介護事業所は「サービス提供証明書」を利用者に交付せねばなりません。

（指定訪問介護の基本取扱方針）
第22条　指定訪問介護は、利用者の要介護状態の軽減又は悪化の防止に資するよう、その目標を設定し、計画的に行われなければならない。
　2　指定訪問介護事業者は、自らその提供する指定訪問介護の質の評価を行い、常にその改善を図らなければならない。

☑ 訪問介護サービスの提供は、要介護状態の軽減または悪化防止ができるような目標を設定し、計画的に提供する必要があります。

（指定訪問介護の具体的取扱方針）
第23条　訪問介護員等の行う指定訪問介護の方針は、次に掲げるところに

よるものとする。
一 指定訪問介護の提供に当たっては、次条第１項に規定する訪問介護計画に基づき、利用者が日常生活を営むのに必要な援助を行う。

✓ 訪問介護のサービスは、利用者が日常生活を営むのに必要な援助を、訪問介護計画書に基づいて提供します。

二 指定訪問介護の提供に当たっては、懇切丁寧に行うことを旨とし、利用者又はその家族に対し、サービスの提供方法等について、理解しやすいように説明を行う。

✓ サービス提供に当たっては、利用者家族等に対して、サービスの提供方法について、理解しやすいように説明します。

三 指定訪問介護の提供に当たっては、介護技術の進歩に対応し、適切な介護技術をもってサービスの提供を行う。

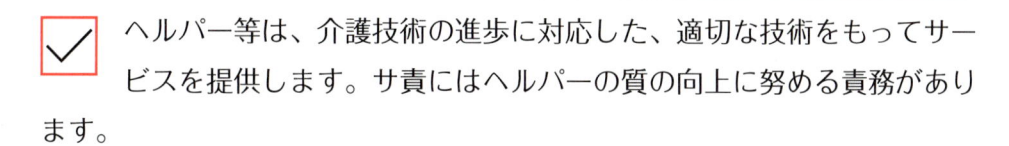

✓ ヘルパー等は、介護技術の進歩に対応した、適切な技術をもってサービスを提供します。サ責にはヘルパーの質の向上に努める責務があります。

四 常に利用者の心身の状況、その置かれている環境等の的確な把握に努め、利用者又はその家族に対し、適切な相談及び助言を行う。

✓ サ責等は、利用者の状況を的確にとらえ、利用者等に対して、適切な相談や助言を行います。

(訪問介護計画の作成)

第24条 サービス提供責任者(第5条第2項に規定するサービス提供責任者をいう。以下この条及び第28条において同じ。)は、利用者の日常生活全般の状況及び希望を踏まえて、指定訪問介護の目標、当該目標を達成するための具体的なサービスの内容等を記載した訪問介護計画を作成しなければならない。

2 訪問介護計画は、既に居宅サービス計画が作成されている場合は、当該計画の内容に沿って作成しなければならない。

3 サービス提供責任者は、訪問介護計画の作成に当たっては、その内容について利用者又はその家族に対して説明し、利用者の同意を得なければならない。

4 サービス提供責任者は、訪問介護計画を作成した際には、当該訪問介護計画を利用者に交付しなければならない。

5 サービス提供責任者は、訪問介護計画の作成後、当該訪問介護計画の実施状況の把握を行い、必要に応じて当該訪問介護計画の変更を行うものとする。

6 第1項から第4項までの規定は、前項に規定する訪問介護計画の変更について準用する。

☑ サ責の業務が列挙されています。これについては、各章でそれぞれ解説しています。

(同居家族に対するサービス提供の禁止)

第25条 指定訪問介護事業者は、訪問介護員等に、その同居の家族である利用者に対する訪問介護の提供をさせてはならない。

☑ 特別な場合をのぞけば、ヘルパーが同居している家族に、利用者と同等のサービス提供をしてはいけません。

（利用者に関する市町村への通知）

第26条 指定訪問介護事業者は、指定訪問介護を受けている利用者が次の各号のいずれかに該当する場合は、遅滞なく、意見を付してその旨を市町村に通知しなければならない。

一 正当な理由なしに指定訪問介護の利用に関する指示に従わないことにより、要介護状態の程度を増進させたと認められるとき。

二 偽りその他不正な行為によって保険給付を受け、又は受けようとしたとき。

☑ 介護保険制度は、社会保障サービスであり、どのようなサービスでも提供できるというわけではありません。特に訪問介護サービスは「訪問介護におけるサービス行為ごとの区分等について」（平成12年3月17日老計第10号）に規定されている内容に沿ったものしか、提供できません（保険者が特に認めているサービス内容は除く）。また、介護保険制度は「自立支援のためのサービス」です。利用者が自分でしていること、できることをヘルパーが行うのはいけません。利用者から訪問介護サービスの提供方法について、介護保険制度では提供できないことを要望された場合は、利用者等にきちんと説明しましょう。そのうえで理解していただけない場合には、その旨の意見を付して市町村に通知することになります。

（緊急時等の対応）

第27条 訪問介護員等は、現に指定訪問介護の提供を行っているときに利用者に病状の急変が生じた場合その他必要な場合は、速やかに主治の医師への連絡を行う等の必要な措置を講じなければならない。

☑ サ責は、事前に利用者等と、緊急時の対応方法について話し合い、緊急時に速やかに対応できるようにしておきましょう。緊急連絡先一覧表などを作成しておき、（利用者等の承諾を得て）利用者宅の電話の近く等に貼らせていただく方法もよいでしょう。

（管理者及びサービス提供責任者の責務）

第28条 指定訪問介護事業所の管理者は、当該指定訪問介護事業所の従業者及び業務の管理を、一元的に行わなければならない。

2　指定訪問介護事業所の管理者は、当該指定訪問介護事業所の従業者にこの章の規定を遵守させるため必要な指揮命令を行うものとする。

3　サービス提供責任者は、第24条に規定する業務のほか、次の各号に掲げる業務を行うものとする。

　一　指定訪問介護の利用の申込みに係る調整をすること。

　二　利用者の状態の変化やサービスに関する意向を定期的に把握すること。

　三　サービス担当者会議への出席等により、居宅介護支援事業者等と連携を図ること。

　四　訪問介護員等（サービス提供責任者を除く。以下この条において同じ。）に対し、具体的な援助目標及び援助内容を指示するとともに、利用者の状況についての情報を伝達すること。

　五　訪問介護員等の業務の実施状況を把握すること。

　六　訪問介護員等の能力や希望を踏まえた業務管理を実施すること。

　七　訪問介護員等に対する研修、技術指導等を実施すること。

　八　その他サービス内容の管理について必要な業務を実施すること。

✓　ここには、サ責の責務が記されています。これは平成18年の介護保険制度改正の際に明らかにされました。詳しくは本文で解説しています。

（運営規程）

第29条 指定訪問介護事業者は、指定訪問介護事業所ごとに、次に掲げる事業の運営についての重要事項に関する規程（以下この章において「運営規程」という。）を定めておかなければならない。

　一　事業の目的及び運営の方針

二　従業者の職種、員数及び職務の内容
三　営業日及び営業時間
四　指定訪問介護の内容及び利用料その他の費用の額
五　通常の事業の実施地域
六　緊急時等における対応方法
七　その他運営に関する重要事項

☑　運営規程は、法人で作成します。この規程は契約書や、重要事項説明書に明記されますし、事業所内に掲示されているでしょう。サ責になったら詳細を押さえて、利用者等との契約の際には、正しく説明ができるようにしましょう。

(介護等の総合的な提供)
第29条の2　指定訪問介護事業者は、指定訪問介護の事業の運営に当たっては、入浴、排せつ、食事等の介護又は調理、洗濯、掃除等の家事(以下この条において「介護等」という。)を常に総合的に提供するものとし、介護等のうち特定の援助に偏することがあってはならない。

☑　居宅介護支援事業者等からのサービス提供の際には、訪問介護のサービス行為の中から特定のサービスのみを選ぶことはできません。

(勤務体制の確保等)
第30条　指定訪問介護事業者は、利用者に対し適切な指定訪問介護を提供できるよう、指定訪問介護事業所ごとに、訪問介護員等の勤務の体制を定めておかなければならない。
2　指定訪問介護事業者は、指定訪問介護事業所ごとに、当該指定訪問介護事業所の訪問介護員等によって指定訪問介護を提供しなければならない。

3　指定訪問介護事業者は、訪問介護員等の資質の向上のために、その研修の機会を確保しなければならない。

☑　訪問介護事業者は、ヘルパーの勤務体制を作ります。訪問介護サービスの提供は、訪問介護事業所ごとにその事業所に属するヘルパーによって行われます。また、訪問介護事業者は、ヘルパーの資質向上のための研修の機会（費用と時間）を作らねばなりません。訪問介護事業所には、ヘルパーの勤務台帳や、研修計画および研修報告書などの帳票の整備が必要です。

（衛生管理等）
第31条　指定訪問介護事業者は、訪問介護員等の清潔の保持及び健康状態について、必要な管理を行わなければならない。
2　指定訪問介護事業者は、指定訪問介護事業所の設備及び備品等について、衛生的な管理に努めなければならない。

☑　ヘルパー等の清潔の保持、健康状態の管理についてです。訪問介護事業所内の設備や備品等に関しても衛生的に管理しなければなりません。そのため、事業所は従業者の健康診断を行っているのです。ヘルパーの健康状態に気を配るのもサ責の役割ですね。

（掲示）
第32条　指定訪問介護事業者は、指定訪問介護事業所の見やすい場所に、運営規程の概要、訪問介護員等の勤務の体制その他の利用申込者のサービスの選択に資すると認められる重要事項を掲示しなければならない。

☐　運営規程の概要、ヘルパーの勤務体制などを記した「重要事項の説明」等が書かれた書式を事業所内に掲示しなければいけません。

（秘密保持等）
第33条 指定訪問介護事業所の従業者は、正当な理由がなく、その業務上知り得た利用者又はその家族の秘密を漏らしてはならない。

2 　指定訪問介護事業者は、当該指定訪問介護事業所の従業者であった者が、正当な理由がなく、その業務上知り得た利用者又はその家族の秘密を漏らすことがないよう、必要な措置を講じなければならない。

3 　指定訪問介護事業者は、サービス担当者会議等において、利用者の個人情報を用いる場合は利用者の同意を、利用者の家族の個人情報を用いる場合は当該家族の同意を、あらかじめ文書により得ておかなければならない。

☑ 訪問事業所は、採用時はもちろん、退職後にも「守秘義務を守る必要がある」ことをしっかりと説明しましょう。また、利用者等とは、個人情報保護規程書などを用いて個人情報保護についても約し、契約を締結します。

（広告）
第34条 指定訪問介護事業者は、指定訪問介護事業所について広告をする場合においては、その内容が虚偽又は誇大なものであってはならない。

☐ これは誇大広告についての警告です。パンフレット等は事実を掲載しましょう。

（居宅介護支援事業者に対する利益供与の禁止）
第35条 指定訪問介護事業者は、居宅介護支援事業者又はその従業者に対し、利用者に対して特定の事業者によるサービスを利用させることの対償として、金品その他の財産上の利益を供与してはならない。

✓ 訪問介護事業者が、特定の居宅介護支援事業者等に、利用者に対して特定の事業者によるサービスを利用させるようなことがあってはなりません。ましてや、その対償として、金品その他の財産上の利益を要求することは禁じられています。

(苦情処理)
第36条 指定訪問介護事業者は、提供した指定訪問介護に係る利用者及びその家族からの苦情に迅速かつ適切に対応するために、苦情を受け付けるための窓口を設置する等の必要な措置を講じなければならない。

✓ 訪問介護事業者は、苦情を受け付ける窓口を設置することが義務づけられています。その窓口は契約書にも明記されていなければなりません。自社では、誰が苦情受付を担当するかを確認しておきましょう。

2 指定訪問介護事業者は、前項の苦情を受け付けた場合には、当該苦情の内容等を記録しなければならない。

✓ 苦情受付および苦情報告書は、苦情内容を記録できるようなスペースを確保して作成しましょう。苦情が発生した場合にはそこに記録します。

3 指定訪問介護事業者は、提供した指定訪問介護に関し、法第23条の規定により市町村が行う文書その他の物件の提出若しくは提示の求め又は当該市町村の職員からの質問若しくは照会に応じ、及び利用者からの苦情に関して市町村が行う調査に協力するとともに、市町村から指導又は助言を受けた場合においては、当該指導又は助言に従って必要な改善を行わなければならない。

> 4 指定訪問介護事業者は、市町村からの求めがあった場合には、前項の改善の内容を市町村に報告しなければならない。

☑ 利用者から苦情が発生して、市町村等からの問い合わせがあった場合は、その調査に協力しなければなりません。また、市町村等から指導や助言を受けた場合は、それらの指導等に従い改善しなければなりません。そのうえで、改善報告書等を市町村に提出します。本来は管理者が行う範囲の業務でありますが、サ責も手続きや方法を知っている必要があるでしょう。

> 5 指定訪問介護事業者は、提供した指定訪問介護に係る利用者からの苦情に関して国民健康保険団体連合会（国民健康保険法（昭和33年法律第192号）第45条第5項に規定する国民健康保険団体連合会をいう。以下同じ。）が行う法第176条第1項第2号の調査に協力するとともに、国民健康保険団体連合会から同号の指導又は助言を受けた場合においては、当該指導又は助言に従って必要な改善を行わなければならない。
> 6 指定訪問介護事業者は、国民健康保険団体連合会からの求めがあった場合には、前項の改善の内容を国民健康保険団体連合会に報告しなければならない。

☐ 利用者からの苦情に対して、国保連からの問い合わせがあった場合にも、その調査に協力しなければなりません。指導や助言を受けた場合は、それらの指導等に従い改善する義務があります。そのうえで改善報告書等を国保連に提出しなければなりません。この処理の責任は管理者が負うものであります。

　このように、利用者は、その苦情の程度によっては、訪問介護事業所のみならず、市町村や、都道府県に設置された国保連に苦情を申し立てることができます。サ責は、苦情を未然に防ぐため、ていねいな対応を行い、配慮することが必要となります。

(地域との連携)
第36条の2 指定訪問介護事業者は、その事業の運営に当たっては、提供した指定訪問介護に関する利用者からの苦情に関して市町村等が派遣する者が相談及び援助を行う事業その他の市町村が実施する事業に協力するよう努めなければならない。

✓ これは、介護相談員派遣事業のことをさしています。この事業は、今までは施設サービス等にはすでに組み込まれていましたが、平成24年度からは居宅サービス等についても、介護相談員を派遣する事業が設けられました。

　介護相談員とは、市町村が実施主体となり、介護サービスの提供の場を訪ね、サービスを利用する者等の話を聞き、相談に応じる等の活動を行う者をいいます。これは、市町村へ申し出(報告書を提出)があったサービス事業所等へ介護相談員を派遣して、利用者の疑問や不満、不安の解消を図るとともに、申し出を受けた事業所における介護サービスの質的な向上を図ることを目的としていますので、訪問介護事業所としても積極的に協力する姿勢が求められるでしょう。

(事故発生時の対応)
第37条 指定訪問介護事業者は、利用者に対する指定訪問介護の提供により事故が発生した場合は、市町村、当該利用者の家族、当該利用者に係る居宅介護支援事業者等に連絡を行うとともに、必要な措置を講じなければならない。

✓ いわゆる「介護事故」等の事故が発生した場合には、速やかに、市町村、利用者の家族および居宅介護支援事業者等に連絡し、必要な措置を考えねばなりません。事故が起きた時にあわてないように、事故対応マニュアルを作成し、緊急時にも対応できるようにしておきましょう。

資料

> 2 指定訪問介護事業者は、前項の事故の状況及び事故に際して採った処置について記録しなければならない。

☑ 発生した事故に対して、事故報告書を作成しなければなりません。事故報告書には、事故の状況や、処置方法について記録します。この時に、担当者が記入漏れを起こさないように必要な記録項目を網羅してある「書式」を作成しておく必要があるでしょう。都道府県や市町村によっては、苦情および事故報告書のひな型を提示しているところもあるので、自分の事業所のある自治体に問い合わせておくのもよいでしょう。

> 3 指定訪問介護事業者は、利用者に対する指定訪問介護の提供により賠償すべき事故が発生した場合は、損害賠償を速やかに行わなければならない。

☑ サ責として、自分が働く訪問介護事業所の損害賠償等、賠償にかかる内容については、管理者等と確認をとり、その知識を深めておくほうがよいでしょう。もちろん、事故や事件等を起こさない努力が重要なのは言うまでもありません。

（会計の区分）
> **第38条** 指定訪問介護事業者は、指定訪問介護事業所ごとに経理を区分するとともに、指定訪問介護の事業の会計とその他の事業の会計を区分しなければならない。

☐ サ責が、管理者を兼務しているならば、おのずと会計にまで携わることになります。その際も、その他の事業との会計区分は明確にしておく必要があります。

> **（記録の整備）**
> **第39条** 指定訪問介護事業者は、従業者、設備、備品及び会計に関する諸記録を整備しておかなければならない。

☐ これらは通常、経理が担当します。管理者等の役割は必要な各記録の整備です。

> 2　指定訪問介護事業者は、利用者に対する指定訪問介護の提供に関する次の各号に掲げる記録を整備し、その完結の日から2年間保存しなければならない。
> 　一　訪問介護計画
> 　二　第19条第2項に規定する提供した具体的なサービスの内容等の記録
> 　三　第26条に規定する市町村への通知に係る記録
> 　四　第36条第2項に規定する苦情の内容等の記録
> 　五　第37条第2項に規定する事故の状況及び事故に際して採った処置についての記録

☑ 訪問介護サービスの提供に関する帳票の保管については、「サービス提供の完結の日」から最低2年間、保存が義務づけられています。事業所によっては、長年の記録が蓄積されているかもしれません。記録は種類ごとではなく、利用者ごとに分け、誰の記録なのかがわかるよう、分散させずに保管しましょう。

（以下、基準該当は省略。）

資料

指定介護予防サービス等の事業の人員、設備及び運営並びに指定介護予防サービス等に係る介護予防のための効果的な支援の方法に関する基準

(ここでは、予防給付の際に新たに追加された第5節のみ解説しておきます。)

● 予防給付の考え方

　予防給付とは、平成18年の介護保険法改正でスタートした「要支援」の人々を対象とした、介護予防サービスを言います。「地域包括支援センター」の職員が作成する"介護予防サービス・支援計画書"をもとに実施されます。なお、地域包括支援センターは、この介護予防サービス・支援計画書の作成を地域の居宅介護支援事業所に委託することもできます。

　サービス提供者は、自分が所属する訪問介護事業所が、予防給付のサービスを実施する場合には、その業務もスライドして担うことになりますので覚えておきましょう(➡ p.181 第5条「訪問介護員等の員数」)。

● 介護予防訪問介護　介護予防のための効果的な支援の方法に関する基準

(指定介護予防訪問介護の基本取扱方針)
第38条　指定介護予防訪問介護は、利用者の介護予防(法第8条の2第2項に規定する介護予防をいう。以下同じ。)に資するよう、その目標を設定し、計画的に行われなければならない。

☑　介護予防訪問介護は、利用者の居宅において、介護福祉士やヘルパー等の有資格者により行われる入浴、排せつ、食事等の介護その他の日常生活上の世話を提供します。そのサービスは、介護予防の趣旨に合うような目標を設定し、計画的に行います。

　2　指定介護予防訪問介護事業者は、自らその提供する指定介護予防訪問

介護の質の評価を行い、常にその改善を図らなければならない。

☑ 介護予防訪問介護事業者は、介護予防のサービスを提供する際には、利用者がサービス利用をする前の状況を把握し、一定期間経過した後に、利用者の生活機能の維持向上がなされているのか、いないのか。そのためのサービス提供が行われているか、過不足がないかを把握し、評価して、常にその改善を図ります。

3　指定介護予防訪問介護事業者は、指定介護予防訪問介護の提供に当たり、利用者ができる限り要介護状態とならないで自立した日常生活を営むことができるよう支援することを目的とするものであることを常に意識してサービスの提供に当たらなければならない。

☑ 介護予防訪問介護のサービスは、利用者のしていること、できることを奪うことなく、転倒などに配慮し、行います。利用者が要介護状態にならずに、自立した日常生活を営むことができるように常に意識してサービスを提供します。

4　指定介護予防訪問介護事業者は、利用者がその有する能力を最大限活用することができるような方法によるサービスの提供に努めなければならない。

☑ 介護予防訪問介護は、利用者の有する能力をしっかり見極めたうえでの、現状維持に効果的なサービスを提供しましょう。

5　指定介護予防訪問介護事業者は、指定介護予防訪問介護の提供に当たり、利用者とのコミュニケーションを十分に図ることその他の様々な方法により、利用者が主体的に事業に参加するよう適切な働きかけに努め

なければならない。

- [✓] 介護予防訪問介護のサービス実施時には、常に利用者と意思疎通を図り、利用者が主体的にサービス内容に参加するように適切に働きかけましょう。

(指定介護予防訪問介護の具体的取扱方針)
第39条 訪問介護員等の行う指定介護予防訪問介護の方針は、第4条に規定する基本方針及び前条に規定する基本取扱方針に基づき、次に掲げるところによるものとする。

一 指定介護予防訪問介護の提供に当たっては、主治の医師又は歯科医師からの情報伝達やサービス担当者会議を通じる等の適切な方法により、利用者の心身の状況、その置かれている環境等利用者の日常生活全般の状況の的確な把握を行うものとする。

- [✓] 介護予防訪問介護を提供する際には、サービス担当者会議を通すなど、適切な手段・方法によって、主治医等へ、あるいは主治医等からの情報伝達を行うこと。利用者の日常生活の状況を的確に把握しましょう。

二 サービス提供責任者は、前号に規定する利用者の日常生活全般の状況及び希望を踏まえて、指定介護予防訪問介護の目標、当該目標を達成するための具体的なサービスの内容、サービスの提供を行う期間等を記載した介護予防訪問介護計画を作成するものとする。

- [✓] サ責は、利用者の日常生活状況や希望を踏まえて、介護予防訪問介護の目標と、目標を達成するための必要で、提供可能な、具体的なサービス内容とその期間を記載した介護予防訪問介護計画書を作成しなければなりません。

三　介護予防訪問介護計画は、既に介護予防サービス計画が作成されている場合は、当該計画の内容に沿って作成しなければならない。

☑ 介護予防訪問介護計画書は、介護予防サービス・支援計画に沿って作成します。

四　サービス提供責任者は、介護予防訪問介護計画の作成に当たっては、その内容について利用者又はその家族に対して説明し、利用者の同意を得なければならない。

☑ サ責は、介護予防訪問介護計画書を作成する際には、作成する意義と、その必要性について、利用者等に説明を行い、作成に対しての同意を得ましょう。

五　サービス提供責任者は、介護予防訪問介護計画を作成した際には、当該介護予防訪問介護計画を利用者に交付しなければならない。

☑ サ責は、介護予防訪問介護計画書を作成し、それを利用者に交付します。

六　指定介護予防訪問介護の提供に当たっては、介護予防訪問介護計画に基づき、利用者が日常生活を営むのに必要な支援を行うものとする。

☑ 介護予防訪問介護のサービスは、介護予防訪問介護計画書に基づき、利用者が日常生活を営むのに必要な支援を提供します。

七　指定介護予防訪問介護の提供に当たっては、懇切丁寧に行うことを旨とし、利用者又はその家族に対し、サービスの提供方法等について、

理解しやすいように説明を行うものとする。

☑ 「予防給付」のサービス提供方法は、「介護給付」のサービス提供方法とは異なります。そこで、サ責は、利用者家族に対して、サービス提供の趣旨の違いを利用者等が理解しやすいように説明しなければなりません。そのためには、違いをきちんと理解しておきましょう。

八　指定介護予防訪問介護の提供に当たっては、介護技術の進歩に対応し、適切な介護技術をもってサービスの提供を行うものとする。

☑ 介護予防訪問介護事業所が、常に介護技術の進歩に対応できる「適切な介護技術」をもってサービス提供ができるように、サ責は、向上心をもち、情報収集を行って、必要な訓練を実施できるようにしましょう。

九　サービス提供責任者は、介護予防訪問介護計画に基づくサービスの提供の開始時から、少なくとも1月に1回は、当該介護予防訪問介護計画に係る利用者の状態、当該利用者に対するサービスの提供状況等について、当該サービスの提供に係る介護予防サービス計画を作成した指定介護予防支援事業者に報告するとともに、当該介護予防訪問介護計画に記載したサービスの提供を行う期間が終了するまでに、少なくとも1回は、当該介護予防訪問介護計画の実施状況の把握（以下この条において「モニタリング」という。）を行うものとする。

☑ サ責は、サービス提供の開始から、1か月に1回は、利用者の状態やサービス提供の状況を介護予防支援事業者（担当のケアマネ等）に報告します。また、介護予防訪問介護計画書に記載された期間終了までに、少なくとも1回は、モニタリングを行い、介護予防訪問介護計画書の実施状況を把握しなければなりません。

十　サービス提供責任者は、モニタリングの結果を記録し、当該記録を当該サービスの提供に係る介護予防サービス計画を作成した指定介護予防支援事業者に報告しなければならない。

☑ サ責は、モニタリングの結果を記録したうえで、その内容を介護予防支援事業者に報告しなければなりません。

十一　サービス提供責任者は、モニタリングの結果を踏まえ、必要に応じて介護予防訪問介護計画の変更を行うものとする。

☑ サ責は、モニタリングの結果を踏まえて、介護予防訪問介護計画書の変更や細かい調整を行いましょう。

十二　第１号から第10号までの規定は、前号に規定する介護予防訪問介護計画の変更について準用する。

☑ 介護予防訪問介護計画書の変更に際しては、サービス担当者会議等を通して、介護予防サービス・支援計画の変更に必要な援助を行いましょう。

（指定介護予防訪問介護の提供に当たっての留意点）
第40条　指定介護予防訪問介護の提供に当たっては、介護予防の効果を最大限高める観点から、次に掲げる事項に留意しながら行わなければならない。

☑ サ責は、ここに「介護予防の効果を最大限に高めるための留意事項」が示されています。ですから、それを押さえて介護予防訪問介護計画書を作成しましょう。

一　指定介護予防訪問介護事業者は、サービスの提供に当たり、介護予防支援におけるアセスメント（指定介護予防支援等基準第30条第7号に規定するアセスメントをいう。以下同じ。）において把握された課題、指定介護予防訪問介護の提供による当該課題に係る改善状況等を踏まえつつ、効率的かつ柔軟なサービス提供に努めること。

✓　サ責は、ケアマネが行った情報収集・情報分析（アセスメント）の結果、把握された課題に対して、必要なサービスを提供する過程で、利用者の状態の改善状況を踏まえながら、効率的、かつ柔軟なサービス提供ができるように調整しなければなりません。

　　二　指定介護予防訪問介護事業者は、自立支援の観点から、利用者が、可能な限り、自ら家事等を行うことができるよう配慮するとともに、利用者の家族、地域の住民による自主的な取組等による支援、他の福祉サービスの利用の可能性についても考慮しなければならないこと。

✓　サ責は、介護予防訪問介護計画書を作成する時はもちろん、ヘルパーのサービス提供に際しても、可能な限り利用者が、自ら家事等を行うことができるように配慮します。そのサービス内容が、利用者の家族、地域の住民による自主的な取組み等による支援、他の福祉サービスの利用の可能性についても、常に考慮しながら支援を行いましょう。

【平成24年度介護報酬改定の補遺】（→p.129）
特定事業所加算の修正および追加
　イの❶～❼に平成25年4月以降に追加・修正があります。
◆平成25年4月以降
❺　当該指定訪問介護事業所のヘルパー等の総数のうち介護福祉士の占める割合が100分の30以上または介護福祉士、実務者研修修了者ならびに旧介

213

護職員基礎研修課程および旧1級課程修了者の占める割合が100分の50以上であること。

❻　当該指定訪問介護事業所のすべてのサ責が3年以上の実務経験を有する介護福祉士または5年以上の実務経験を有する実務者研修修了者もしくは旧介護職員基礎研修課程修了者もしくは旧1級課程修了者であること。ただし、指定居宅サービス基準第5条第2項の規定により1人を超えるサ責を配置することとされている事業所においては、常勤のサ責を2名以上配置していること。

おわりに

　私は、現在まで、各県の社会福祉協議会や、ホームヘルパー協議会などから依頼をいただき、各種の介護職研修を担当してきました。なかでも、サービス提供責任者（サ責）の研修としては、新潟県・群馬県・千葉県・福島県、そして富山県・宮崎県の方々とは、毎年、関わらせていただいております。これらの県では、サ責の初任者向け・リーダー層向けの研修が計画的に行われているのです。定期的に関わることによって、各県のサ責の方々の成長を垣間見ることもでき、また新たに何が必要で何が不要なのかを研修しつつ、講義内容をレベルに応じて反映させ、新たなノウハウを構築することもできました。

　そのような状況下で、中央法規出版の月刊誌「おはよう21」編集部より、「サービス提供責任者のお仕事」として連載の依頼をいただきました。私も、サ責の初任者研修を通して、現場の担当者が十分なサ責教育を受けられないまま（多くはOJT）、その厳しい業務や責務を担わなければならない現状を憂慮していたこともあり、この連載を引き受けさせていただきました。とはいえ、自分のライフワークのひとつであるサ責物でも、12か月連続しての連載は、私にとってもなかなかハードな経験となりました。

　私は、過去の研修で参加されたサ責の方々と関わりながら、彼ら彼女らが、今、何を求めているのかをリサーチし支援する一方、連載のヒントを得ることもでき、無事に連載を終了することができました。その後、この連載を書籍化したいという要望をいただき、苦労が報われた気がしました。

　しかし、喜んでいるばかりではいけない、少しでも良い物をと考え、書籍化することになった連載原稿を再度読み直してみました。すると、雑誌の連載という性格上、泣く泣く割愛した内容や、前号の振り返りで重複する内容もあったことを改めて想い出したのです。こりゃいかん、このままでは書籍の読者には読みにくいだろう。結局、連載した内容をつなぎ合わせるだけでは、書籍化は難しいことがわかりました。

　雑誌と書籍では、おのずと求められているものが違います。今回は書

籍で求められていると考えられる内容に大幅に追加・修正を行いました。この間、国立市にある訪問介護事業所・ふぁみり～さぽ～とで定期的に開催している介護の勉強会「寺子屋」のメンバーには多くの助言と励ましを、島根県福祉人材センターの皆様にもご協力いただきました。ここに謹んでお礼を申し上げます。そして、何よりも、12か月もの間、私の拙い原稿を温かく見守っていただき、書籍化においても尽力してくださった中央法規出版の「おはよう21」編集部・郡啓一氏および同社第2編集部廣瀬久夫氏ほか、同書製作(イラスト・デザイン他)に関わっていただいた皆様、読者の皆様、そして私の仕事を温かく見守ってくれた家族に感謝したいと思います。

　皆様のますますのご健勝を祈念させていただきます。有り難うございました。

2012年4月吉日
　　　　　　　　　　対人援助スキルアップ研究所所長　佐藤　ちよみ

● **著者紹介**

佐藤 ちよみ

対人援助スキルアップ研究所所長
介護福祉士・介護支援専門員・東京都第三者評価者。保母（現：保育士）として保育園勤務ののち、介護業界へ転身。特別養護老人ホーム、介護サービス事業所勤務を経て独立。2004年対人援助スキルアップ研究所を設立。サービス提供責任者や介護支援専門員のスキルアップ研修、対人援助技術講習、施設の新人研修、介護技術研修の講師などの各研修講師や、交流分析インストラクターとして後進の指導・育成に力を注いでいる。

ブログ かいご職サポーター「佐藤ちよみ」出没記録を公開中
（http://kaigosupport-satou.seesaa.net/）

連絡先 【対人援助スキルアップ研究所】
Fax 03(3912)2866

サービス提供責任者の業務実践マニュアル

2012年5月10日 初版発行
2023年7月10日 初版第9刷発行

著　者……………佐藤ちよみ
発行者……………荘村　明彦
発行所……………中央法規出版株式会社

　　　〒110-0016　東京都台東区台東3-29-1　中央法規ビル
　　　TEL 03-6387-3196
　　　https://www.chuohoki.co.jp/

印刷・製本………株式会社太洋社
装幀・本文デザイン………株式会社インタービジョン
本文イラスト………藤田　侑巳

定価はカバーに表示してあります。
ISBN978-4-8058-3635-4

本書のコピー、スキャン、デジタル化等の無断複製は、著作権法上での例外を除き禁じられています。また、本書を代行業者等の第三者に依頼してコピー、スキャン、デジタル化することは、たとえ個人や家庭内での利用であっても著作権法違反です。
落丁本・乱丁本はお取り替えいたします。
本書の内容に関するご質問については、下記URLから「お問い合わせフォーム」にご入力いただきますようお願いいたします。
https://www.chuohoki.co.jp/contact/